星出版

新觀點
新思維
新眼界

投資者的

朋　　友

朱寧

著

Star 星出版

目錄

01

散戶賺錢，天理難容？　23

很多時候，散戶就是在做慈善，把自己兢兢業業透過正職工作賺的錢，慷慨地送到收入和投資能力都比自己高出不少的專業機構投資者手中。不少散戶在投資時只考慮收益，不考慮風險；只考慮自己能否賺錢，不考慮自己為賺錢需要付出多少成本或承受多少風險。

02

大勢是散戶的朋友嗎？　39

對散戶而言，泡沫往往是事前豐滿的理想和事後無奈的現實，絕大多數的散戶非但沒能在泡沫中發財，很多恰恰成為泡沫崩盤過程中的炮灰。散戶都知道有泡沫，但不知道泡沫會在何時破裂，都覺得自己可以在泡沫破裂前，把燙手山芋傳給下一個不明就裡的投資者。

12

投資者在賺錢時，績效可能跑輸大盤，承受了很高的機會成本，而且投資能力比較差。投資者如果誤判自己的投資能力，就有可能盲目地增加自己的投資金額和暴險部位，也更有可能在市場大幅波動期間遭受沉重打擊。

投資很可能是一場修行，是對經濟、市場、自己、人生的重新審視和學習。其作用不僅僅在於可以創造財富，而且可以幫助投資者意識到自身的缺陷和偏誤。其迷人之處就是，投資者在瞭解自身的缺陷和偏誤後，不斷地學習和實踐，逐漸克服和解決這些問題，成為更好的投資者，進入終身修行和提升的過程。

推薦序
學習整合各種視角，
以便更好地投資，擁有更美好的未來

　　投資是一門科學，也是一種博弈。之所以說投資是一種博弈，是因為想要做好投資，必須具備這樣一種能力，即掌控自己的衝動，洞察他人的衝動。一個人若對與投資相關的心理學知識沒有深刻理解，是做不好投資的。

　　大多數的人依靠本能和直覺進行投資，很少得到指點。這也是大部分的人一生中在接觸事物時的常態，因為大家所受的教育都是泛泛的，並未系統性地接受應該如何生活的指導。我記得，當我的第一個孩子出生時，我的太太和我帶著我們的寶寶返回醫院，想要尋求一些育兒方面的指導。這麼說吧！假如把寶寶出生這件事視同購買商品進行比較，譬如你買了一台電視機，把它帶回家，廠家總會附贈一份說明書或操作手冊，但是關於我們該如何搞定這個接下來將占據我們一生所有重要時光、柔弱嬌嫩、奇蹟般的小生命，醫生告訴我們的卻少得可憐。

　　做好投資與養育好一個孩子簡直一樣複雜；在投資過程中，心理學知識極其重要。這是一項持續一生的重要活動，而且投資還有遊戲和競爭的成分，不可能像買台電視機那樣自帶一份說明書，因為投資的遊戲如此微

妙。人們也不可能對投資的必要之事用三言兩語進行總
結，因為投資者必須對投資的基本知識有深刻且廣泛的
瞭解。

我認識朱寧已有多年，他是耶魯大學的優秀畢業
生。當他在耶魯讀書時，我和他一起經歷了行為金融學
大發展的時期，他作為一個研究者積極參與其中。從那
時起，到他加入加州大學戴維斯分校和上海高級金融學
院，他在這個領域都是佼佼者。我相信他完全有資格為
金融領域的這次革命著書立說。

行為金融學綜合了金融學者和心理學者的研究成
果，致力於幫助人們更好地投資。實際上，它包含一些
極其實用、人人都必須知道的知識。而且，正如朱寧在
書中所展示的那樣，這個領域本身也很有趣。行為金融
學對於包括經濟行為在內的人類行為，提供了一種深刻
的觀察視角，向我們展示人類天生會欺騙；然而從天性
而言，人類也會努力為社會創造偉大的事物。

對所有國家的投資者來說，行為金融學與他們都有
緊密連結，因為人類的天性世界皆同。事實上，我認為
行為金融學對於新興國家，例如中國來說，更為重要。
中國發生的經濟變革，無論是從根源還是它對未來的期
望而言，都是源自人的心理。這場至關重要的革命，始
於1978年十一屆三中全會確立的改革開放政策；如果沒
有點燃心理的力量並驅動行為，它是無法實現的。這種
精神最終反映在金融市場，而且創生的金融結構也支持
這種精神。最好的企業家精神能夠驅動經濟行為，需要

被培育；但是，企業家精神也是柔弱的，如果沒有正確理解心理基礎，很容易脫軌。

　　朱寧的書涉及行為金融學的廣泛議題，是一部視野廣闊的金融理論入門讀物。讀者能夠獲得各種金融指導，可以瞭解人類歷史上幾次大規模的泡沫事件和股市崩盤，以及人類心理在其中扮演的角色，也能夠瞭解商業生態和金融激勵如何塑造了人們的行為，更能夠幫助政府決策者正確看待自己的行為，以便制定更合理的法律法規。最重要的是，我們可以從這本書學習如何整合行為經濟學的各種視角，以便更好地投資，擁有更美好的未來。

羅伯‧席勒 Robert J. Shiller
2013 年諾貝爾經濟學獎得主
耶魯大學經濟學教授

推薦序

集中？分散？
美股億萬富豪帶來的啟示

　　投資是每個人都關注的話題，尤其是年輕人和成家不久的少壯派，都很迫切地想要實現億萬財富夢。問題是，通往羅馬的捷徑在哪裡呢？不僅你想知道，我也想找到答案，以便能將其告知我的兩個女兒，她們又可將其告知自己的後代。是的，誰不想建立自己的世家豪門，然後讓其延續下去？可是，正如朱寧教授在《投資者的朋友》這本書中敘述的，答案肯定不是整天盯著股市走勢，頻繁地買賣股票。有時，短線炒作也許能夠賺點錢，但往往是撿起芝麻，丟了西瓜。

　　2019年的一件事讓我很震驚。一天，我的一位學生小孫告訴我，他的妹妹把亞馬遜的100萬股股票變現了，近18億美元。而後，他的妹妹苦於手頭現金太多。

　　小孫來自台灣，他的父母擁有不少土地。在1980～1990年代經濟騰飛的過程中，他的父母賺了很多錢。於是，1997年，他的父親給子女每人幾百萬美元，每個人自由支配自己的小金庫。拿到這筆錢後，他的妹妹因為之前特別看好已經上市但連年虧損的亞馬遜，於是以每股四、五美元，購買了100萬股亞馬遜股票。這項投資的風險過於集中，但她就是看好亞馬遜作為世界電商龍

頭的未來。歷經2001年網際網路泡沫破裂、2008年金融危機等股市浪潮，她一直持有亞馬遜的股票。2019年，由於中美之間出現貿易摩擦，聯邦調查局等部門的工作人員因為小孫妹妹的華人姓氏找她談話，他們問：「這麼多年來，妳一直持有這麼多的亞馬遜股票，是出於什麼目的？妳有什麼動機？」談了兩次後，她決定清倉，以結束煩擾。此時，亞馬遜的股價已達1,800美元！

當然，你可能會說這只是個案。這的確是個案，不排除巧合，而且我真的不主張所有人將全部雞蛋放進同一個籃子裡。那樣的話，風險過於集中。其實，這個故事蘊含了許多道理。

第一，如果小孫的妹妹頻繁地買賣亞馬遜的股票，她會成為億萬富豪嗎？歷數世界上的億萬富豪，很少有靠短線炒股發家致富的。事實上，小孫的妹妹持有亞馬遜的股票二十多年；本質上，跟創業致富一樣。她在二十多年前就看好電商行業的前景，也看好貝佐斯的創業理念和商業模式。雖然她沒有創辦公司，但是透過長期持有自己看好的上市公司的股票，就等同於創業。也就是說，注重長期趨勢，看準後長期持有優秀公司的股票，這才是投資和基於短線炒作的投機的區別。馬化騰、李彥宏、比爾・蓋茲、馬克・祖克柏、伊隆・馬斯克等人，都十分注重長期持有。因此，理解投資與投機的區別十分有益。

第二，交易成本意識是關鍵。由於小孫的妹妹一直持有亞馬遜的股票，過去二十多年裡沒有相關的交易費

用，也沒有錯過上漲趨勢，更沒有為各年的利得繳稅，而是在最終退出時，才繳納了很少的長期資本所得稅。同樣重要的是，這讓她避免用千百個不眠之夜盯著亞馬遜的股價。做過短線投機交易的朋友都知道，你每時每刻都要反覆思考何時買進、何時賣出、以什麼價格買進、以什麼價格賣出……這些問題會讓你寢食難安。

第三，事業的長期趨勢，才是你真正的朋友。與其每天鑽研股價，不如多學習人類經濟史、社會史、政治史的知識，看透人性，鑽研科技趨勢，先於他人把握長期趨勢。投資是一門大學問，投資者需要把握人性，順勢而為。

當然，知易行難。等到真正投資時，每個人都有人性的弱點，稍不注意，就會讓「投資者的敵人」戰勝「投資者的朋友」。朱寧教授的這本書，可以幫助你分清楚誰是投資者的朋友、誰是投資者的敵人，進而找到自己的投資法門。

陳志武

香港大學金融學講座教授

前言
透過本書，讓行為金融學知識成為你的投資好朋友

　　雖然從長期投資的角度來看，股票的回報要遠遠高於債券，但是為什麼全球的投資者多選擇投資債券市場？

　　為什麼眾多投資股市的投資者雖然積極參與股市，每天讀書看報，學習相關知識，甚至到證券營業部報到，但到頭來投資績效還不如大盤的一般表現？

　　雖然在預測未來績效時，過往績效的參考價值有限，但是為什麼許多基民把主要精力都放在研究某支基金的過往績效上？

　　為什麼資產價格的長期趨勢非常清晰，但就是有那麼多的投資者為了短期的蠅頭小利而完全忽視市場的長期規律？結果，撿了芝麻，丟了西瓜。

　　以上這些可能是全球的投資者、研究者、監管者一直在思考，但一直得不到答案的問題，也是廣大散戶在進行日常財務規劃和投資時不斷思考的問題。正如很多人感嘆「為什麼懂了這麼多道理，但依然過不好這一生」一樣，很多自認為非常瞭解投資的散戶，往往發現自己的投資績效十分慘淡。

　　很多散戶往往在一次次失敗中，才逐漸意識到被自己一直奉為圭臬的「內線消息」、「頻繁操作」、「追漲

殺跌」、「跟風從眾」等投資理念和交易思路，恰恰是他
們的投資績效趕不上大盤表現，甚至蒙受巨額損失的主
要原因。

一些散戶在指導別人投資時，說得頭頭是道。等到
自己投資時，卻會重複、甚至放大自己曾經提醒別人一
定要避免的錯誤。賺錢了，很多散戶會揚揚自得；虧損
了，就把自己的失敗歸咎於金融市場的起起伏伏。

其實，市場的漲跌只不過是對投資者心理的測試與
挑戰。瞭解市場、瞭解自我、瞭解投資者的心理，才是
散戶在資本市場長期生存的必備技能。正如在戰爭、軍
事、外交等領域，每個國家必須清醒地認識到誰是自己
的朋友、誰是自己的敵人，廣大散戶在高度變化的經濟
金融環境裡，也必須清醒地意識到誰是自己的朋友、誰
是自己的敵人，才有可能把握資本市場提供的機會，對
自己的財富進行布局和規劃，理性投資。

如何認識市場？如何認識自己？如何區分敵人和朋
友？這些都是廣大散戶必須思考的重要問題。此時，行
為金融學──一門橫跨經濟金融學、心理學、社會學、
行為科學的交叉學科──能夠幫助散戶更佳瞭解自己和
市場。

隨著羅伯‧席勒（Robert J. Shiller）教授和理查‧
塞勒（Richard H. Thaler）教授因為行為金融研究分別在
2013年和2017年獲得諾貝爾經濟學獎，社會各界人士對
於行為金融學研究的興趣和運用行為金融學知識解決現
實問題的信心明顯大增。

行為金融學的一個重要分支，關注的是投資者的投資行為和投資績效，以便讓廣大散戶以更加客觀、公正、超然的視角觀察和評價自己的行為，認識到誰是自己的敵人、誰是自己的朋友。

行為金融研究發現，影響散戶投資績效的真正敵人，恰恰是投資者自己的行為。研究發現，越是激動的投資者，越是受行為偏差影響的投資者，越是想賺錢的投資者，越是容易蒙受損失。因此，投資者認識並戰勝敵人，即自己的行為偏差和局限，對於提升投資收益至關重要。作為投資者的朋友，行為金融為散戶提供的是關於市場和自我「第一性」的認識。例如，廣大散戶必須清醒地意識到，自己剛進入股市，就成為弱勢群體。不虧錢、少虧錢、趕上大盤的平均績效，這些對於廣大散戶而言，就是值得肯定的投資成就。

假設整個市場由自作聰明的主動投資者和追逐平均收益的被動投資者構成，如果被動投資者取得平均收益，那麼主動投資者也只能取得平均收益。其實，主動投資者可以取得高收益的幻象，不過是他們內部對賭，大部分專業的投資者也沒取得市場平均收益。恰恰是因為大部分主動投資者（特別是廣大散戶）得不到平均收益，才讓少數主動投資者取得高於平均收益的「股神」般的成就。因此，散戶比較理想的選擇，還是老老實實地追逐平均收益。

每個投資者的收益或損失，會對資本市場和金融體系的穩定產生舉足輕重的影響。正是投資者的狂熱，促

成了人類金融史上一個又一個事後看來荒謬可笑的泡沫；也正是投資者的驚恐和絕望，一次又一次地戳破了被投資者吹起來的泡沫，給全球金融經濟體系帶來一波又一波的驚濤駭浪。

其實，投資者的投資決策過程和人類的很多決策過程一樣，很容易受其他人和社會共識影響。從這個角度來講，就像每片雪花都要對雪崩負責，每個散戶都要對社會共識和市場預期的形成負責。每個投資者的非理性行為，不僅可能導致市場層面的理性缺失，研究更表明，有時投資者完全理性的決定，也可能導致市場層面的非理性後果。因此，散戶在思考自己的行為和決策時，必須關注自己在決策過程中可能出現的錯誤和自身的局限，也必須認真思考千千萬萬個散戶的心理。

本書旨在提醒廣大散戶，雖然外部經濟環境和資本市場走勢確實在快速變化，但是金融體系和資本市場的本質，一直都沒有改變。從這個意義來講，雖然資本市場一直都是信息的市場，但很可能也是投資者心態和投資者行為的市場。所有信息，只有被投資者解讀和消化，才能透過投資者的交易影響市場走勢。而市場走勢本身又會反過來影響和決定投資者的收益和財富。從這個意義來講，散戶所有追求更高收益的嘗試，都離不開對自身心理和市場心理更深入的理解與掌握。

基於行為金融理論在過去數十年的研究成果和本書的詳細討論，筆者向廣大散戶提出幾點投資建議。

第一，多元化投資。雖然巴菲特的投資理念是「把

所有的雞蛋放在同一個籃子裡，並且看好那個籃子」，但是對絕大多數的投資者，尤其是經驗一般的散戶而言，把雞蛋放在不同籃子裡的多元化策略，仍然不失為最佳選擇。

第二，關注資產配置，消極投資，仍然是事半功倍的投資策略。許多投資者由於過度自信，打探消息，頻繁操作，結果往往還不如投資於不同市場和資產的指數型基金。

第三，關注長期收益和交易成本。在考慮投資收益時，一定要關注扣除交易費用之後的淨收益，那些才是最終到手的真金白銀。

第四，增強風險意識和自我控制紀律性。克服散戶不願停損的缺點，及時鎖定損失敞口，控制下行風險。

第五，投資更像馬拉松，而不是百米衝刺。散戶一定要堅持長期複利投資和增長，積少成多，持之以恆，才能產生優異的投資收益。

人生在世，必須不停地在未知和確定、今天和未來、內心和外界之間進行選擇。這種選擇的本質，也恰恰是投資的精髓所在。根據一些發達國家資本市場的研究，一旦投資者意識到自己在投資過程中的「朋友」和「敵人」，就能在一定程度上修正自己的錯誤，提升自己的投資績效。

就像席勒教授不止一次提到的，他希望行為金融學成為「好」的金融學，希望金融學能夠幫助社會成為「好」的社會。我衷心希望本書就行為談理性，就投資談

人性，幫助廣大散戶朋友成為更優秀的投資者，這樣也算是實現了筆者幫助散戶、回饋社會的初衷。

　　筆者衷心希望行為金融學知識、本書能夠成為散戶最親密的朋友。

01

散戶賺錢，天理難容？

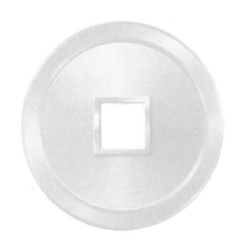

很多時候，散戶就是在做慈善，把自己就就業業透過正職工作賺的
錢，慷慨地送到收入和投資能力都比自己高出不少的專業機構投資
者手中。不少散戶在投資時只考慮收益，不考慮風險；只考慮自己
能否賺錢，不考慮自己為賺錢需要付出多少成本或承受多少風險。

散戶賺錢嗎？

　　因為自己的研究領域，我自十多年前回中國後，在很多不同場合問過不同散戶以下三個問題。第一個問題：「大家為什麼投資？為什麼投資股市？」人們的回答往往十分響亮並且一致：「當然是為了賺錢！」但是，當我問大家第二個問題：「大家在股市裡賺錢了嗎？」散戶的聲音往往就小了很多，同時伴以緊張和尷尬的笑聲。而當我問大家第三個問題：「大家的投資績效跑贏大盤了嗎？」回答的人數往往就變得微乎其微了。

　　基於我對投資者行為和行為金融學的研究，這樣的回答雖然並不讓我吃驚，但仍然讓我很焦慮。我相信在中國 1.5 億左右的散戶裡，大量參與 A 股市場的散戶往往既不知道自己的投資目標，也不知道自己的投資績效，就這樣沒有目標和主見地參與 A 股市場這些天量的交易。

　　更讓我擔心和焦慮的是，行為金融研究表明，全球各國股市裡散戶的投資績效都是非常令人失望的。例如，加州大學、北京大學和政治大學針對台灣股市投資者展開的大數據研究，透過研究台灣股市五年完整的交易紀錄，發現看起來默默無聞的散戶在這五年中損失的資金，一點也不亞於機構投資者。具體來說，台灣散戶每年因投資交易造成的損失，約占其總投資額的 3.8％。根據台灣股市規模、散戶所占的資金比例和散戶的投資績效來計算，台灣散戶在五年裡損失的總金額約為 9,400 億新台幣，約合 340 億美元。這意味著，台灣散戶每年

的交易損失在68億美元左右。也就是說，台灣散戶平均每年因股票投資造成的損失，幾乎與機構投資者在投資歷史中規模最大的幾場損失不相上下。而和機構投資者投資收益的大幅波動有所不同的是，散戶的巨額交易損失是在長達五年的時間裡持續出現的虧損的平均水平，僅在1997–1998年亞洲金融危機期間表現得格外明顯。

對於金融機構來講，損失數十億美元是一次性的大規模損失；對於整個散戶群體而言，他們則在持續承受同樣金額的損失。如果把台灣散戶的損失放到台灣整體經濟規模中，我們可以直觀地感受到散戶每年承受的損失規模之大：該損失約占台灣每年GDP（國內生產總值）的2.2％，約為台灣每年在交通運輸和媒體方面私人消費額的33％，約為台灣居民用於購買服裝的消費額的85％，或者用於購買能源和燃料方面消費額的170％。

從另一個角度來看，台灣散戶每年高達3.8％的損失，是由什麼導致的呢？研究者發現，散戶投資損失中的27％可被歸因於選擇錯誤的股票和進行錯誤的交易，32％來自券商對投資者收取的佣金，34％則是政府徵收的各種與交易相關的稅收和費用，剩下的7％是因為散戶投資者不能夠正確地選擇投資時機。

除去政府稅收和券商經紀業務佣金，散戶交易損失裡的34％是因交易的財富轉移，即財富從投資損失方向投資獲利方的轉移造成的。具體來講，散戶的損失給機構投資者——即散戶的對手方——每年帶來約1.5％的投資收益。也就是說，股票交易把財富從散戶的口袋裡轉

移到了那些和散戶扮演對手方的企業、機構和國際投資者的手裡。從這個角度來說，散戶的交易和投資，實際上就是在做慈善事業。散戶把自己兢兢業業透過正職工作賺的錢，慷慨地送到了收入和投資能力都比自己高出不少的專業機構投資者手中。

做一個簡單但未必完全科學的類推，根據中國A股市場的規模和波動率，大陸A股市場的散戶損失的金額，可能是台灣散戶損失的金額的10倍。

散戶的投資績效

正如本章開頭時所問的三個問題的情況，說到散戶的投資績效，其實很多散戶對於自己的投資並沒有很充分的瞭解。也許散戶可以清楚記得自己最近買的一支股票是賺錢還是虧錢了，但是當被問到整個投資組合的表現如何時，很多投資者就不是很清楚了。很多散戶甚至無法想起自己所持有的投資組合中還有哪些股票，那些股票又是以什麼價格購入的。

正是因為散戶對於自己的績效不甚瞭解，他們在進行投資的時候，也會表現得比較激進、愛冒險，結果往往蒙受更大的損失。這個結論不僅適用於台灣，包括筆者在內，各國學者在全球各個市場、各種不同的資產類別裡，都有類似的研究發現。這些研究均表明，廣大散戶就平均投資收益而言是虧損的，或者至少說是跑輸大盤的。散戶的損失中很大一部分是透過稅收和佣金的方式交給了政府與金融機構，而另一部分則是輕易地轉移

給了對手方——高投資水平的金融機構。由於大多數的散戶都沒有明確的投資策略，因此在投資過程中，非但沒能給自己創造財富，反而不知不覺地為自己的財富帶來了巨大損失。

當然，衡量投資者的投資收益，可以有不同的維度和不同的標準。但是，上述的散戶表現，不止局限在台灣的交易市場，而是在全球各個市場、各種不同的資產類別裡面都有類似的現象。**廣大散戶投資績效主要的兩個特徵是：第一，明顯跑輸大盤，在有些國家或者某些時期，甚至是持續虧損的；第二，他們很大一部分的損失，是透過稅收和佣金交給了政府與交易所，還有一部分損失是把自己的財富透過交易，白白轉移給資本市場中水平更高的金融機構等其他投資者。**由於不瞭解自己的投資策略，散戶在投資過程中不知不覺地對自己的財富造成損害，而且在損失發生後，還完全不自知地一直重複著同樣的錯誤。

我們將採用兩種方法為上述論點提供佐證。第一，將所有散戶的投資組合整體看成更大的投資組合，想像成所有散戶在一起進行的投資，就如同一家大型基金公司。如果我們開辦了這樣一家大型基金公司，基金完全追隨散戶的投資策略：當市場中的任何一個散戶買入任何一檔股票時，我們開辦的基金公司也買入同等數量的該檔股票；當市場中的任何一個散戶賣出任何一檔股票時，我們開辦的基金公司也賣出同等數量的該檔股票。那麼，統計數據表明，這種模擬散戶投資決策而成立的

假想基金，無論在美國 1991-2000 年的十年投資歷史裡，還是在中國近八年的投資歷史裡，或者在北歐市場裡，都是一種明顯跑輸大盤、令人失望的表現。

第二，比較散戶買入和賣出的股票績效。可以想像，如果投資者在賣出一檔股票的同時買入另外一檔股票，那麼他必定認為賣出的這檔股票今後的績效會相對差一些，而買入的這檔股票今後的績效會更好一些。投資者之所以選擇換倉，通常是因為認為換倉可以帶來更高的投資收益。但是，根據我們對中美兩國資本市場的數據的長期研究，真實的投資結果與散戶的預期恰恰相反——在換倉之後的半年、一年以及兩年的時間內，散戶買入的股票的表現，明顯不如賣出的股票的表現。也就是說，投資者原本以為買進股票或換倉之後可以獲利，但事與願違，非但沒有獲利，反而遭受損失，或者至少比不換倉的情況收益更低。

行為金融學相關的研究表明，在很多國家的資本市場裡，僅有 5%～ 10% 的散戶可以在相對較長的時間裡有持續跑贏市場的優異表現，而絕大多數的散戶的長期投資績效並未能跑贏大盤。其中，一半左右的散戶的績效和市場表現沒有明顯區別，另外有 1/3 左右的散戶的績效則是長期跑輸大盤。

以上所討論的，都是散戶在扣除交易成本（包括交易稅費、佣金和交易衝擊成本）前的投資總收益，在扣除了交易成本之後，散戶的淨投資收益則更低。

很多投資者認為，只要自己對投資越積極，對投資

過程掌控得越充分，就越有可能獲利。也就是說，很多散戶認為交易的頻率越高，所獲得的收益也會越高；交易的頻率越低，所獲得的收益也會越低。但令研究者驚訝的是，如果將散戶的交易頻率與他們的績效連結起來，就會發現交易頻率和投資收益其實存在著一定的負相關關係。也就是說，**交易越頻繁的散戶，投資收益率越低**。這種低收益一方面反映出投資者在進行交易的時候，並未掌握準確的訊息，因此導致錯誤的交易和投資損失；另一方面，也反映出交易成本對於投資者收益的侵蝕。

本書的部分內容，就是想要利用一些研究成果來證明，其實散戶在投資股票的過程中，績效並不盡如人意。總體來講，散戶的投資水平低於市場平均水平，反映在他們的投資績效上，就是散戶的投資績效明顯低於市場平均水平。

說到這裡，很可能大家並不十分信服，因為很多時候，你或許覺得自己前段時間投資的股票似乎是賺錢的。同時，也有一些股票投資者認為，如果只是被動購買基金，在市場下跌的情況下，就沒有什麼可以操作的空間了。與其坐視自己遭受損失，還不如去買股票，至少還能自己決定什麼時候進行倉位的調整和選股的調整。這些想法雖然沒錯，但都是基於一個重要的假設，即散戶自己做出的投資決策，比專業人士的決策更好。但如果這個基本假設並不成立，那麼散戶在交易時為自己帶來的很可能只有損失。

投資者的選擇性偏誤：我有賺錢

　　本書後面的章節還會討論投資者的主觀感受和真實的統計結果之間的差異。或者說，每個投資者的主觀感受和學者透過長時間大樣本的數據統計分析得出的結果之間存在巨大的差異。為什麼會有這種差異？筆者認為，這既有投資者心理方面的原因，也有散戶對於投資不夠瞭解的原因。

　　投資者在進行投資的時候，會有非常強烈的選擇性記憶。首先，投資者往往會對自己獲利的交易印象深刻。例如，投資者經常會在和朋友交流的時候，炫耀自己的投資績效，談論最近買了哪些優質的股票，或者展示這些股票讓自己獲利多少。與此同時，投資者往往會選擇性地忘卻那些不大成功的操作。如果自己的投資沒有賺錢，投資者很可能不會賣掉這些股票，即很難主動做出所謂「割肉」的舉動，而是長期持有虧損的股票，希望有一天能夠「鹹魚翻身」。結果，很多投資者都把這種浮虧的投資，一直保留在自己的投資組合裡。由於沒有實現實際的虧損，投資者就會覺得自己並沒有虧錢。這種思考方式和投資方式，在很大程度上掩蓋了投資者在投資過程中的損失，也往往讓投資者高估了自己的投資績效和投資能力。

　　其次，投資者在相互溝通的時候，存在選擇性偏誤。散戶在聽朋友介紹他們的投資績效和投資表現時，往往都是聽說他們買了較好的股票，在這些股票上獲利

頗豐。但如果真的仔細考量這些自誇的投資者的整個投資組合績效，就會發現他們的投資績效可能並不怎麼樣，甚至有些人還有不小的虧損。不過，當他們和別人交流的時候，往往會選擇性地描述一兩次特別成功的投資績效。如果市場上的眾多散戶都存在類似的選擇性記憶和傾向，可以想像，投資者在市場上聽到的就都是類似「投資很容易，賺錢很容易，只要買股票就可以賺錢」這種說法，而事實是：大部分的一般散戶基本上都不可能透過股票交易獲得超越大盤的投資表現。

正是由於這種選擇性的訊息提供，很多散戶會莫名地相信自己的投資能力。這些投資者越是自信，就越傾向於進行頻繁的交易。相關的研究數據表明，越是頻繁交易的投資者，績效越差。

此外，散戶還必須認識到另外幾個導致績效變差的原因。第一，散戶在考慮自己的收益時，必須認識到，自己在市場裡面往往充當提供流動性的角色。也就是說，在機構投資者準備賣股票的時候，是散戶積極地接盤；而在機構投資者買股票的時候，也是散戶積極地把股票賣給機構投資者。從一定程度來說，散戶在投資的時候，同時為機構投資者或其他專業投資者提供了一種額外的流動性服務。因為散戶為機構投資者提供了這種流動性服務，本來應當得到市場的補償和鼓勵，在此前提下，散戶的表現應該不僅能夠得到市場的平均收益，應該比其他投資者的收益更高；但是，這卻與筆者和其他研究者在全球資本市場發現的結果大相徑庭，即散戶

的績效事實上明顯跑輸大盤。

第二，交易成本和機會成本高。由於散戶的交易金額比較小，交易成本比較高，所以散戶真正獲得的最終淨收益，可能和表面上看到的股票表現有很大的差距。根據我們在美國的研究數據，在1990年代，交易成本占到投資者總收益的0.7％～0.8％。中國A股市場的交易成本相對低一些，散戶的總交易成本往往在0.2％～0.3％（包括佣金、稅收和衝擊成本）。但正是由於相對低廉的佣金，中國投資者的換手率，要遠遠高於國際投資者。中國散戶的換手率基本上為500％～900％，而美國散戶的換手率僅為80％～100％。在不能提升投資績效的前提下，較高的換手率也在無形中增加了散戶的投資成本，降低了投資者的費後或稅後的淨投資收益。

第三，不少散戶在投資的時候，只考慮收益，不考慮風險；只考慮自己是否賺錢，不考慮自己為賺錢付出了多少成本或者承擔了多少風險。同時，投資者往往對投資的基本理念缺乏必要的瞭解。正是因為他們對於投資收益來源未能充分瞭解，因此不能區分自己在股市中獲利，究竟是因為自己的投資能力，還是市場的大趨勢，抑或碰巧運氣不錯。有時，投資者雖然賺錢了，但只是因為一個偶然的機會。譬如，有些投資者把資金投在一支風險較高和波動性較強的股票上，隨著股票大盤的上漲，他所購買的股票也因此賺了錢。但是，因為對投資績效的來源不是非常清楚，散戶會錯誤地以為自己挑到了好股票，所以不願意賣掉這支賺錢的股票。不幸

的是，隨著之後市場的調整，他所買的股票往往會出現大幅度的下跌，於是又把之前的收益都還給了市場。

投資者在考慮自己的投資績效時，往往用「是否賺錢」作為衡量標準，忽略了個別股票的漲跌在很大程度上也受到大盤表現的影響這個事實。雖然有時候他們在賺錢，但同時可能冒了很大的風險。他們賺錢的時候，可能是因為股票大盤處於上漲階段，有時候他們所賺的錢，還不如直接投資股票大盤。投資者往往認為只要賺錢了，就代表自己有很強的投資能力，沒有想到的是，如果他們選擇簡單買入指數型基金或股指期貨，可能會獲得更高的收益。

這就是散戶對於投資收益來源沒有準確理解的表現；事實上，散戶偶爾贏利，往往只是因為大盤的波動。**投資者真正需要做到的是，在考評自己的投資績效的時候，更常想到自己的收益是不是足以超越大盤的表現，是不是足以值得讓自己花時間進行這個選擇，是不是足以涵蓋自己的交易成本和時間成本？**如果答案是否定的，散戶應該更多地投資於股票指數或者基金，從而獲得更平穩也更持續的投資收益。話說回來，如果投資者對於投資、風險、績效和自身的能力，都不能夠有清晰的認識，合理投資、提升績效，又該從何談起呢？

散戶賺錢，天理難容？

如果還有散戶朋友沒有意識到自己在投資能力方面的不足，我們再換一個不同的視角來看待散戶的收益。

正如席勒教授指出的，投資其實是一場沒有說明書的競爭。投資者的收益，不但取決於自身的能力和水平，也取決於競爭對手的能力和水平。

我們都知道市場裡面所有的投資者可以分成兩類，一是主動型投資者，包括公募基金、私募基金、個人投資者等以主動買賣股票進行投資的投資者；二是被動型投資者，就是像指數型基金和ETF（exchange-traded fund，指數股票型基金）那樣追蹤市場表現的投資者。按照被動型投資者的目標和策略的定義，被動型投資者以追蹤市場收益為自己的主要目標，因此每年的投資收益應該緊密追隨市場的平均收益。因此，所有被動型投資者應該沒有任何超額收益，幾乎和市場表現一致。

那麼下一個問題，就是所有的主動型投資者加總在一起，應該獲得什麼樣的投資收益？如果我們做一個簡單的數學計算，就可以發現其實所有的主動型投資者加總在一起的投資收益，應該正好是市場的平均收益，一分錢也不多，一分錢也不少。這個結果可能會讓有些朋友吃驚和失望——難道那麼多公募基金、私募基金以及著名的基金經理人的投資收益，並不比指數型基金更好嗎？

答案很可能是肯定的（我們會在後面關於基金投資的章節裡，更詳細討論這個議題），但更重要的是，希望散戶認真思考一下，在所有的主動型投資者裡，包括公募基金、私募基金和散戶在內的主動型投資者，哪些投資者會獲得比市場更高的收益，而哪些投資者會獲得達不到市場平均收益水平的收益呢？

按照這樣的思路，我繼續問大家：如果我們把所有的主動型投資者分成兩類，一類叫作機構投資者，也就是公募基金和私募基金；一類叫作個人投資者，也就是我們所謂的「散戶」，那麼這兩類主動型投資者，誰的投資收益會跑贏大盤，誰的投資收益會跑輸大盤呢？

講到這裡，我想可能很多散戶朋友認為，應該是機構投資者的收益會跑贏大盤，而散戶投資者總體而言都會跑輸大盤，因為機構投資者以投資為職業，每天花大量時間在投資上。同時，機構投資者大多接受了大量相關的訓練和教育，得到很多專業機構的服務，因此有一些機構投資者會跟我說：「散戶賺錢？天理難容啊。」其實，他們想說的並不是「散戶賺錢，天理難容」，他們更想表達的是「散戶跑贏大盤，天理難容。」因為如果散戶跑贏大盤，那就意味著機構投資者必須跑輸大盤。

如果散戶把自己放在一個和機構投資者競爭的市場環境裡，我估計會有更多散戶意識到，自己平時可能並沒有真正認真思考自己的投資能力，尤其是和資本市場裡面的競爭對手和其他投資者相比，自己究竟是有比較好的、還是比較差的投資能力？即使有些投資者覺得自己比其他散戶的投資能力更強，也可能會清楚地意識到，散戶並不是只和散戶在競爭，很多時候是在和機構投資者與專業投資者競爭。如果能夠真正瞭解自己和專業投資者之間的能力差距，很多散戶很可能在做投資決策的時候，就會變得更加謙虛和謹慎，也因此可以改善和提升自己的投資績效。

本書並不能在轉眼之間幫助各位搖身一變成為股神巴菲特，也不可能在轉眼之間幫助大家富可敵國，但是希望能夠幫助廣大散戶意識到自己的不足，還擁有很多可以提升的空間，並且意識到能夠趕上市場平均水平對大多數的散戶來說，已經是一個很不錯的結果。**只有在對投資目標和自己的風險承受能力有了更清楚的認識之後，散戶才有可能做出正確的投資決策，賺自己在資本市場該賺的錢，不虧自己在資本市場不該虧的錢。**如果真能做到這兩點，本書可說已經達到目的，也許就可以真的成為「投資者的朋友」了。

本書的內容大綱

本書主要分為兩個部分。第一部分討論了散戶普遍認為對自己投資收益有很大幫助的三個朋友：第2章討論了資產價格大幅波動的趨勢，瞭解人類歷史上幾次著名的泡沫事件；第3章討論了華爾街、金融機構和中介服務；第4章討論了監管者的態度和這種態度對投資者行為與績效的影響。

在第二部分，第5章透過對行為金融研究成果的分享，幫助散戶投資者意識到自己的投資決策的重大缺陷和不足；第6章強調了降低交易頻率，提升交易質量；第7章展示了多元化投資的重要性；第8章關注投資者在挑選個股時普遍會犯的錯誤；第9章幫助投資者正確看待擇時的決定；第10章介紹了散戶在投資公募基金過程中需要關注的問題；第11章強調了停損對於散戶投資和

控制風險的重要性；第12章討論了持續學習對於投資的重要性；結語部分對全書內容進行總結。

在本書的第二部分，為了幫助讀者更有效掌握相關內容與散戶提升自我的方法，在部分章節的最後，對該章探討的散戶投資偏誤，以及如何修正進行了簡短章節摘要。

02

大勢是散戶的朋友嗎？

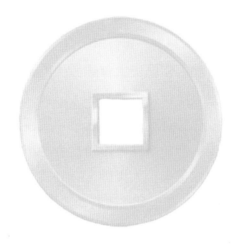

對散戶而言，泡沫往往是事前豐滿的理想和事後無奈的現實，絕大多數的散戶非但沒能在泡沫中發財，很多恰恰成為泡沫崩盤過程中的炮灰。散戶都知道有泡沫，但不知道泡沫會在何時破裂，都覺得自己可以在泡沫破裂前，把燙手山芋傳給下一個不明就裡的投資者。

　　在第1章我們看到，散戶的投資績效之所以不盡如人意，一個很重要的原因是：散戶往往選擇在錯誤的時間參與投資。具體而言，散戶在有些時候，會認為自己終於清楚明確地看到了市場運作的趨勢，因此認為市場大勢是自己的朋友。然而遺憾的是，我們在人類幾百年金融市場的發展歷史中看到最多的，恰恰是廣大散戶在市場見頂的時候買入，而在市場見底的時候退出。而且，每次當投資者興沖沖地殺入股市的時候，往往都帶有「時不我待」、「這次不一樣！」的強烈信心和信念，認為市場的這波重大趨勢一定會幫助自己賺得盆滿缽滿。

　　本章主要討論人類歷史上曾經發生的幾次著名的泡沫事件，也就是資產價格大幅上漲，之後又大幅下跌的事件，來觀察散戶和普通投資者在這類資產價格大幅波動中的投資表現。泡沫事件，不僅給金融市場帶來大幅波動，給經濟運作帶來巨大擾動，有的時候也可以大規模地影響社會輿論，甚至動搖政府執政根基和政權。

　　對散戶而言，泡沫往往是事前豐滿的理想和事後骨感的現實，絕大多數的散戶非但沒能在泡沫中發財，很多恰恰成為泡沫崩盤過程中的炮灰。有研究表明，散戶的相對收益，也就是自身績效和市場大盤績效之間的差異，在熊市時還不錯，但是在牛市，特別是在大牛市的時候，反而是散戶投資績效相對最差的時候。有人說，正如雪崩時每一片雪花都認為自己是無辜的，每一次泡沫和崩盤的過程中，每一個散戶也都認為自己是無辜的。但無論無辜與否，希望各位讀者能從這些事件中清楚地認識

到，**散戶往往是泡沫和崩盤過程中最大的犧牲者。**

　　還有一點值得討論，很多泡沫在事後看起來是那麼神奇，那麼令人難以置信。比如，如果現在有人告訴我們，一粒鬱金香種子的價值可以買20棟聯排別墅，或者告訴我們日本東京皇宮下面的土地，比美國最富有的加州土地還值錢，我們都會懷疑地搖搖頭。但是，在鬱金香泡沫和日本房地產泡沫的高峰時期，投資者不但對此深信不疑，還想出了各式各樣的解釋來說服自己，市場還會進一步上漲。這固然和投資者的貪婪心理有關，但很多時候也和當時的社會輿論、媒體宣傳與政府政策導向有密不可分的關係。每一次泡沫的破裂，帶來的都是無數散戶的巨大損失和痛苦記憶。因此，**討論泡沫的歷史，可以幫助投資者從歷史中進一步體會從眾的盲目、投資的風險和市場的瘋狂，清醒地看待市場趨勢和自身的投資能力。**

世界最早的泡沫經濟事件：鬱金香泡沫

　　荷蘭歷史上發生過一次大的泡沫事件──鬱金香泡沫。大家應該都知道鬱金香，它也是荷蘭的國花。其實，鬱金香在17世紀才被引入荷蘭，它原本生長在地中海沿岸。大家不能小看荷蘭這個國家，在17世紀，荷蘭是全球霸主，亞洲的印尼、馬來西亞，甚至美國的紐約市，都曾是荷蘭的殖民地。

　　荷蘭的國土只有四萬多平方公里，相當於兩個半北京市，人口只有一千七百多萬，還不敵一個北京市，而

且荷蘭有25％的陸地低於海平面。這樣一個小國，怎麼變成了全球霸主？答案就是資本市場。全球第一個股票交易所在荷蘭創立，第一部關於公司的法案也是在荷蘭頒行的。荷蘭人因為有了資本市場進行融資，得以建立大型遠洋艦隊。這些艦隊支持了荷蘭在1600年左右成為世界上最強大的國家，荷蘭的首都阿姆斯特丹也一度成為全球金融中心。

1636-1637年，在荷蘭出現了一個有趣的現象，這個現象在人類金融歷史上很有名。在那一兩年裡，荷蘭全國、甚至周邊國家的居民，都瘋狂炒賣鬱金香。瘋狂到了何種地步呢？一粒鬱金香種子賣500～1000荷蘭盾是非常普遍的現象。也就是說，一粒鬱金香種子可以買到兩棟聯排別墅。

根據歷史紀錄，當時荷蘭的社會經濟背景是家庭的平均年收入為200～400荷蘭盾。當時，阿姆斯特丹的一棟小型聯排別墅賣300荷蘭盾（也就是說，平均房價只合1.5年的家庭收入），而一顆大家最追捧的Viceroy鬱金香種子，則要6,000荷蘭盾，也就是20棟聯排別墅的價格，或是約15年的家庭收入。還有歷史紀錄表明，在荷蘭鬱金香泡沫最鼎盛的時候，一粒鬱金香種子可以換兩馬車小麥、四馬車黑麥、四頭肥牛、八頭豬、十二頭羊、四噸奶油、一張床、一些衣服和一只銀質大酒杯。而且大家炒作的，還不是鬱金香的花，而是它的球莖。大家知道，鬱金香這種花，拿到球莖以後，當年是開不出花來的，你要先把球莖埋進土裡，第二年春暖花開的

時候，它才能長出來。那麼，投資者為什麼還會那麼狂熱？1630年代是荷蘭經濟發展最快的時代，也是荷蘭的貨幣供應量增長最快的時期，很多錢流到市場，而大家不知道該把錢投到什麼地方，聽說鬱金香賺錢，就拚命把資金投向鬱金香。

同時，鬱金香的球莖埋在土裡，就導致了供給的不確定。因為賣方不需要現在交貨，只要承諾六個月之後給買家一粒鬱金香種子就可以，這也就是期貨市場的前身——遠期合約市場。很多交易是在大家沒有看到球莖的情況下就簽訂合約的，簽訂合約之後，大家也不用交付真金白銀，而是用信用票據，只要有銀行提供擔保、提供信用支持，大家就去買、去投機。反正根本不需要拿出全部的真金白銀，何樂而不為呢？

另外，歷史學家還發現，荷蘭政府對鬱金香投資也聽之任之，甚至非常支持。例如，荷蘭政府推出了一項非常有意思的政策：只要任何人支付政府整個鬱金香交易合約款項的3.5％，政府就可以宣布他原來跟別人簽的鬱金香合約是無效的。什麼意思呢？即只要你支付3.5％的成本，就可以給自己買一個保險，如果投資虧錢了，你可以找政府說這個錢你不想出了，也就不用擔心面臨損失了。從這個角度來講，荷蘭政府的這些政策，和金融機構與次貸危機期間國際投行販賣的信用違約互換（CDS）在原理上非常相似。可見歷史是何等驚人地相似。大家不要覺得CDS是什麼新東西，從概念上來說，四百年前就有了。一方面，你買了一項高風險的投資，

而不願意自己承擔風險，想找一個人幫你擔保。另一方面，有人覺得只要這種高風險的投資不違約就可以賺這個小錢，就拚命給你寫擔保合約。

除此之外，荷蘭政府還做了什麼？政府當時很可能已經意識到，鬱金香市場中有泡沫存在，但是為了不打擊投資者的信心，為了不打壓市場的發展，政府禁止對鬱金香進行賣空。事實上，有了期貨市場，有人買空就自然應該允許有人賣空。禁止賣空，就禁止了持有負面信息或理念的投資者進入市場。在缺乏看空者的情況下，市場在短期當然會上漲。事後看來，荷蘭政府在危機之中對於投機的縱容和推波助瀾，對於荷蘭鬱金香泡沫的形成和破裂，都負有不可推卸的責任。

殊不知沒有基本面支撐的上漲，遲早要面臨下跌的那一天。所以，當鬱金香的價格在短短半年的時間裡，從100荷蘭盾一直漲到1,800荷蘭盾之後的兩三個月，就出現了大規模的下跌。隨著春天的到來，鬱金香的種子要開花了，也到了謎底揭曉的時候。冬天，人們買賣的東西都在土裡埋著，不知道有多少需求和供給，不知道有多少東西是可以交易的，也不知道實際價值是什麼。到了春天天暖花開之後，大家發現鬱金香其實一點也不稀缺，而且也沒有什麼用處。鬱金香還有一個特點，它的種子（球莖）只能用一次，不是一種可持續的產品。結果自然是鬱金香的價格，從1,800荷蘭盾跌回100荷蘭盾的初始價格。個中的過程真是幾家歡樂幾家愁。這就是金融史上記載的第一次泡沫。

這次泡沫的幅度之大、波及面之廣，都是人們沒有準確估計過的。但是據歷史記載，當時荷蘭周邊國家的經濟發展，不同程度都受到鬱金香泡沫破裂的負面衝擊。另外，在鬱金香泡沫期間，不只是鬱金香，其他類似的新型花朵如風信子的價格也大幅飆升。正如1990年代末期網際網路泡沫的時候，有些贏利公司比如亞馬遜、eBay等的股價在上漲，還有很多沒有贏利能力的網路公司的股價也跟著上漲。所以，無論是歷史上發生的哪一次泡沫，背後反映的都是類似的瘋狂和理智的喪失。我們的金融技術發生了很大的進步，但是金融的理念和風險的本質沒有太大變化，最大的風險本質在每個投資者的心中，是投資者自己的貪婪和恐懼。所以我們才說，**投資最大的敵人是投資者自己**。小小的一粒鬱金香種子，卻被投資者賦予了那麼多的希望和夢想，令人不禁想起中國很多年前曾經熱炒過的君子蘭、普洱茶、黃龍玉和黃花梨木。一時之間，它們的價格上漲幾倍、甚至幾十倍，形成了一個個的泡沫。產品雖然不同，但泡沫背後的原因卻是何等相似。

科技進步帶來的泡沫

英國鐵路狂熱

19世紀英國變成了日不落帝國，科學技術的進步也引發了人類歷史上又一次泡沫危機——英國鐵路建設的狂熱和泡沫。

　　1825年，英國人鋪設了世界上第一條鐵路。蒸汽火車這一偉大的發明，讓很多英國人認為英國找到了一條全新的產業發展道路。從1830年底開始，英國經濟發展速度開始放緩。為了刺激英國投資和經濟發展，幾乎所有的投資人都把眼光放到鐵路產業上。大家相信，投資這樣的實業一定能夠賺大錢。

　　另外，隨著英國報業的興起，現代股市概念剛被引入市場。人們透過報紙這樣的現代媒體，可以獲得更多、更集中，也更一致的訊息，那就是鐵路股票和債券投資既安全、回報又高，是所有人都應該參與的活動。這種新思維和新媒體，加上英國當時泛濫的流動性和低存款利率，讓每個投資者都按捺不住心裡發財的欲望，不計風險地投入英國鐵路建設和發展的狂潮。

　　恰恰因為英國當時正經歷工業革命，鐵路和物流的發展大大刺激了煤礦、鐵礦等原物料和鋼鐵、紡織品這樣的工業產品的運輸與銷售，所以在英國有很多人都深信，「鐵路是英國給世界的禮物」，因此也會是最安全、回報率最高的投資。

　　當然，和鬱金香狂熱一樣，鐵路的發展同樣離不開英國政府的支持。隨著新技術的發展，英國國會也認為鐵路不僅有利於商業發展，也有利於公眾利益。因此，英國國會僅在1845年一年，就通過了約2700英里*的鐵路議案，相當於此前所有年分的總和。到1850年，英國

＊　1英里約1.6公里。

建成和在建的鐵路總長已分別達到6,000英里和1,000英里，大致形成了今天的英國鐵路輪廓。這裡值得一提的是，和鬱金香狂熱中的官員一樣，英國有些議員本身就是鐵路建設項目和鐵路公司的投資者，身體力行地推動鐵路泡沫的發展。所以，在被認為是「鐵路狂熱」年代的峰頂的1845年，英國國會一共討論了272項關於成立鐵路公司的議案，沒有一項不是順利獲得批准的。

和1836年之前負責建造鐵路的財團需要有雄厚的財力獨撐大局不同，1840–1845年間，英國民間一共有超過1,000個鐵路興建項目，被提供給英國全國、乃至全球大大小小的投資者。在那些年裡，幾乎每戶英國家庭都把自己的積蓄，用來購買鐵路公司收益率高達10％的債券。在這個過程中，英國家庭逐漸取代大財團成為鐵路建設的主要投資人。鐵路項目最初是靠發行年化收益率10％的債券來吸引投資者。隨著越來越多的投資者看好鐵路，並且不滿足於10％的年化收益率，越來越多的鐵路公司透過發行股票來吸引更多的投資者。隨著大量的鐵路公司集中在一段時間發行大量的股票，市場中的投機氣氛越來越濃重。所有新的鐵路項目，不管可不可行，都吸引了無數追捧鐵路的投資者和資金。這一切，很快便形成投機狂潮，隨著鐵路股的價格上漲，越來越多的投機資金流入這個產業。1843–1850年，英國花在建設鐵路上的錢達到1.09億英鎊，是1847年一年國民總收入的7％，國內總投資的20％都流向了鐵路業的新建項目。

　　1845年底，這股「鐵路熱」終於露出頹勢。這一年，英國央行宣布進一步升息，流動性一下子收緊。聞風而動的投資者們，紛紛出脫手中的股份。很多投資者本來在進入市場的時候就對鐵路瞭解有限，只是認為投資鐵路一定會賺錢，一旦鐵路的賺錢效應不能表現出來，大大小小的鐵路公司的股票漲幅就開始放緩，甚至下跌。有些公司的股票在1846年，先是上漲了400％，然後又下跌了85％。下跌後，很多股票價格甚至大大低於年初的價格。

　　隨著資金面收緊和原本就缺乏需求的鐵路線財務狀況的最終曝光，越來越多的投資者開始撤出鐵路公司。由於資金緊張，不少鐵路公司紛紛倒閉，股票變得一文不值。眾多普通的英國百姓，把一生的積蓄都投到了鐵路上，盼望著新線路開通後獲利，而鐵路公司的倒閉，讓民間無數小股民感到絕望。「人們的生命，因為一張張鐵路債券而受到威脅」，《愛麗絲夢遊仙境》的作者路易斯·卡羅（Lewis Carroll）在他的詩作《獵鯊記》（*The Hunting of the Snark*）中這樣寫道。

　　1840年代，英國計劃和建設了約15,000公里的鐵路，而英國的國土面積有多大呢？和廣西或遼寧的面積差不多。時至今日，英國鐵路的密度在全球都是最高的，這說明它在兩百年前修築的鐵路實在是太多了。直到1855年，英國的鐵路建設風潮才徹底消散。雖然「鐵路熱」為英國留下了現代化鐵路的基本輪廓，但也讓無數民眾傾家蕩產，成為產業發展狂熱的犧牲品。

隨著英國鐵路泡沫的破裂，英國企業家和工程師的興趣又轉向海外，在俄羅斯、阿根廷、中國、美國到處鼓勵鐵路建設。其中，美國的鐵路發展最為迅速，但是很快地也演化為在美國的鐵路泡沫和危機。投資者對鐵路失去理性的狂熱投資，終於引發了1880年代的鐵路建設狂潮和由運力過剩所導致的激烈價格戰。到19世紀末，美國幾乎25％的鐵路線都因為運費下滑，需求枯竭而宣告破產。這次的輸家是美國鐵路債券的投資者們，其中有許多投資者，特別是相信美國新大陸前景無限的外國投資者，都在這場風波中損失慘重。倒是在這一過程中透過重組這些破產鐵路公司的銀行家們，逐漸控制了全美大約2/3的鐵路系統，成為後來的實業和金融大亨。這其中就有後來大名鼎鼎的美國摩根大通公司的創始人J.P.摩根（John Pierpont Morgan）。

網際網路泡沫

科技進步在很多情況下，都會給投資者帶來對未來的無限憧憬。這種憧憬如果不能夠很好地和經濟、金融原理結合起來，就會造成投資者對股票估值的過分樂觀。無論是鐵路技術、微電子技術、生物科技技術，還是網際網路技術，都讓投資者相信新時代到來了，原來的投資理念今後不再適用了。

1990年代後期，以美國納斯達克股票市場為代表的全球網際網路股票泡沫，就是一個深刻教訓，讓投資者又一次意識到無論科技如何進步，一些基本的投資理念

還是適用的。投資者經常用來給股票估值的標準之一是本益比，也就是公司股票價格和股票每股盈餘的比例。這個比例越高，就意味著公司股票相對於其盈利水平而言越貴；比例越低，就說明價格越便宜。美國股市平均本益比是10～12倍，中國主板市場的平均本益比是18～20倍，創業板的本益比更是達到四、五十倍。1998–2000年網際網路泡沫頂峰時期，很多公司的本益比達到數百倍、甚至上千倍，比歷史平均水準高出幾十倍。尤有甚者，很多網路公司上市的時候都沒有贏利，投資者對這些公司的希望都寄託在公司上市發展後可能產生的更多收入，並且期待最終可以贏利。對很多習慣用本益比給股票估值的投資者來說，這感覺好像愛麗絲到了仙境一樣無所適從。故此，聰明的證券分析師們發明了一個新的概念——本夢比。什麼是本夢比？就是你不賺錢沒關係，我不算你的盈利，我算你的「銷售量」。回過頭看，這種假設真的是好傻好天真。分析師假設，你今天把產品和服務銷售出去之後，明天肯定是會賺錢的；公司的銷售量以每年500％的速度上漲，就代表著盈利也會以500％的速度上漲。

　　一時間，很多投資者都認為本夢比的概念，才能準確地描繪網際網路對於全球經濟帶來的巨大衝擊。由於網際網路技術的出現，世界經濟進入了前所未有的新階段，所以必須用新的思維去衡量。巴菲特在網際網路泡沫期間曾經明確表示，他看不懂當前的網路科技股票。基於他「不買看不懂的股票」的原則，他在整個泡沫

中，都刻意回避科技股。這種「食古不化」的思想，在1990年代遭到了很多年輕投資者的嘲笑，說巴菲特跟不上科技進步，是資訊時代的「恐龍」投資者。

隨著越來越多的企業在本夢比的感召下，把越來越多瘋狂的想法付諸實踐，並在企業營運中忽視了最基本的商業原則，只求發展、不求利潤，只重點擊率、不重利潤率，導致了1990年代末期有越來越多的泡沫公司得以誕生、發展、上市、燒錢。直到有一天，音樂戛然而止，所有的投資者終於意識到，原來自己一直生活在泡沫之中。股市開始急跌，納斯達克指數從全盛時期的5,000點一路下跌到1,600點（情況類似中國A股市場2007-2008年的大跌局面）。筆者在網際網路鼎盛時期，曾經接到了一位朋友的電話，說他的公司已經上市，上市的時候公司股票是每股60美元，現在漲到每股200美元，下一年就能漲到每股600美元，到時候自己的股票就值500萬美元，就可以退休了。孰料兩年後，這位朋友期盼的這500萬美元，變成了不到5萬美元。

為什麼會有這樣令人難以置信的泡沫？因為新技術的誕生。彼時，大家都無法用傳統思維來理解這些新技術，又希望新技術能夠帶來前所未有的投資機會，希望把新事物納入大家可以接受的範圍內，所以就會想出一些很有創意的想法來解釋金融和投資。可惜的是，**泡沫幾乎總是無一例外的，以流動性的收緊、資產價格的大跌和投資者的大規模損失而收場。**

金融創新導致的泡沫
英國南海泡沫事件

　　值得一提的是，導致泡沫的往往不只是科技進步，金融商品的發達也常會帶來意想不到的泡沫。繼17世紀荷蘭鬱金香泡沫之後不久，世界經濟的中心逐步轉移到了英國。17世紀是荷蘭人的世紀，18世紀是英國人的世紀。英國經濟在18世紀出現了一段長時間的繁榮，長期的經濟繁榮使得英國的私人儲蓄不斷膨脹，而投資機會卻相應不足，大量的閒置資金迫切需要尋找出路。與此同時，股票和股票市場在18世紀的英國仍然是相當新的概念，上市公司的數量較少，投資者對於股票的性質和風險的瞭解，也還處在初級和淺顯的階段。

　　在這個過程中，誕生了以英國南海公司（South Sea Company）為代表的一批投機公司。南海公司宣稱自己擁有壟斷南美洲西班牙殖民地奴隸買賣的權利，並可通過奴隸貿易獲利。但事實是，西班牙不允許此類貿易，所以南海公司所謂的國王授予它的特權幾乎毫無價值。

　　南海公司的股票之所以受到大眾追捧，是因為它和政府的密切合作關係令大眾放心。另外，該公司在推銷「南海方案」時，又向大眾謊稱公司將會在南美貿易上賺取極豐厚的利潤，未來股票持有人將會獲得可觀的股息。這樣的說法也得以蒙蔽很多投資人，使得大眾對它深信不疑。

　　南海公司真正的收益來源，其實是幫助英國王室重

組債務。在一系列的公關工作和賄賂活動之後，該公司又利用新股發行和之後增資發行過程中限制發行額度，以及人為拉高公司股價，來吸引那些希望能夠賺快錢的投資者。由於公司本來就沒有什麼基本業務支撐業績，所以乾脆採用後來被命名為「龐氏騙局」的手法，用許諾支付高額利息的方法，人為地推高股價，並在股價高漲時，繼續發行更多新股。

在南海公司的精心策劃下，公司股價開始節節上揚。原來每股128英鎊的南海公司股票，在1720年3月已經上漲到330英鎊。同年5月，南海公司又以500英鎊每股的價格發售新股。新股的發行受到市場肯定，股價在6月飆升到890英鎊，7月的股價更是上漲到每股1,000英鎊，這是在六個月前根本沒人敢想像的價位。

看到南海公司的成功，很多其他的冒險家似乎也嗅到了巨大的投機機會。一時間，無數的股份公司如雨後春筍般，從社會各個角落冒了出來。這些公司很多就像我們現在所說的「皮包公司」，並沒有具體的業務。

有些企業在宣傳自家公司股票的時候反而欲蓋彌彰，給後人留下了一些可供參考的史料。比如，有一家公司宣稱：「本公司從事的是卓越優秀的事業，但是大家知之甚少，我們也不會對此進行介紹。」

在南海公司股票賺錢效應的帶動下，社會各界人士，包括軍人和家庭婦女，甚至連物理學家牛頓，也捲入了投機股票升值的狂潮之中。投資者完全喪失理智，根本不在乎這些公司的主要營運業務、經營狀況和發展

前景，覺得只要有股票發行，就能夠獲取巨大利潤。在1720年的上半年，很多股票也確實爭氣，平均漲幅超過500％，更讓投資者覺得一旦錯過了這次機會，就喪失了這輩子最大的撈錢機會。

1720年6月，英國國會為了制止各類「泡沫公司」的膨脹，通過了《泡沫法案》（*The Bubble Act*），限制投機企業的成立和活動。法令頒布後，許多投機公司被解散。一些投資者逐漸清醒過來，對很多新成立的公司產生嚴重懷疑，這種懷疑情緒逐漸擴展到南海公司身上。從7月開始，首先是外國投資者開始拋售南海公司的股票，然後國內投資者也逐漸加入拋售大軍。南海公司的股價很快就一落千丈，在兩個月之內，股價從最高點每股1,000英鎊，跌到了9月的每股175英鎊和12月的每股124英鎊。股價在一年內經歷了近10倍的上漲和90％的下跌之後，「南海泡沫」徹底宣告破裂。

1720年底，政府對南海公司的資產進行清理，發現其實際資本已所剩無幾，那些高價買進南海公司股票的投資者遭受了巨大的損失。許多富豪、富商損失慘重，有些落得一貧如洗。此後，在較長一段時間裡，民眾對於新興的股份公司仍然談虎色變。南海泡沫投機波及面之廣，連人類最偉大的物理學家牛頓也未能幸免。牛頓參與南海泡沫投機，一開始賺了很多錢，但隨著市場下跌，賠了更多的錢。在歷經股市的起起伏伏後，他說了一句非常有名的話：「我可以計算出天體運行的軌跡，卻無法計算出人類內心的瘋狂。」

南海泡沫事件的發生，主要有以下幾個原因。

第一，在那個時代，英格蘭銀行（英國央行）已被創建，為了刺激經濟成長，英格蘭銀行釋放了前所未有的貨幣。我們將在後面總結的時候講到，沒有一次泡沫的背後不是伴隨著貨幣的狂印和流動性的泛濫。正是因為社會資金太過充裕，投資者不願意接受獲利低得不值一提的安全投資機會，才會特別願意追逐那些高投機性、不可持續的投資機會。

第二，南海公司非常聰明，在融資過程中許諾投資者固定收益。比如，公司承諾每年支付股東30％的紅利。大家要知道，如果有一家公司或任何一項商品，能夠許諾你每年可以安全地獲得30％的紅利，那麼每2.5年投資者的財富就可以翻一倍，這聽來確實是一種好得難以拒絕的投資機會。而且，南海公司不只是支付30％的紅利，還保證今後的12年裡，每年支付投資者50％的紅利。如果這種績效真的可以持續，那簡直比現在世界上最強的對沖基金的績效還好，好到令人難以置信。從這個角度來講，現在很多房地產開發商提出的「包租」概念也是一樣——有些開發商賣房子採取一種包租的方式，即你來買我的房子，我保你前五年有8％～10％的出租收入回報。這樣的話，投資者在前五年裡就能把投資完全收回來。這種營銷手段受到很多投資者的追捧，但是投資者必須意識到，這種安排和理財商品一樣，賣方提供的收益率是預期收益率，一旦開發商出現資金短缺、甚至破產，沒有法律能夠真正保障投資者的投資收益。

　　還有什麼原因導致南海泡沫呢？人類的僥倖心理和過度自信。大多數的人在泡沫之中，都意識到泡沫的破裂終將到來，但是沒人為此做好充分準備。這其實是泡沫的一個根本特徵：大家都知道有泡沫，但是沒有人知道這個泡沫什麼時候會破裂。大家都覺得，我可以在泡沫破裂之前，把這個燙手山芋傳給下一個不明就裡的投資者。大家都知道，泡沫是一種基本面不支持的投資機會，但是都心存僥倖地認為自己在這個投機過程中不會受到損失。

　　非但如此，很多人在泡沫發展過程中，還會想出各式各樣稀奇古怪的說法，希望以此來維持泡沫持續發酵。在南海泡沫事件中，就有人提出既然政府、公司、年金領取者和現有股東，都從不斷上漲的股價中獲得巨額回報，股價上漲就是天經地義的好事，就一定會繼續上漲。另外，也有些投資者提出：「根本沒有所謂基本面價值一說，股價漲得越高，基本面價值也越高，所以根本就不必擔心股價漲得太高。」南海泡沫事件結束後，英國大詩人亞歷山大・波普（Alexander Pope）把對整個英國捲入南海泡沫的嘲諷和譏笑，寫成了以下的詩句：

> 終於，腐敗像洶湧的洪水，淹沒一切；
> 貪婪徐徐捲來，像陰霾的霧靄瀰漫，遮蔽日光。
> 政客和民族鬥士紛紛沉溺於股市，
> 貴族夫人和僕役領班一樣分得紅利，
> 法官當上了掮客，主教啃食起庶民，
> 君主為了幾個便士玩弄手中的紙牌。
> 不列顛帝國陷入錢幣的汙穢之中。

中國權證市場

中國資本市場2005-2007年在權證交易中出現的泡沫，是另一個金融創新造成資產泡沫的經典案例。2005年，中國證監會為了輔助股權分置改革，也為了增加市場流動性和促進市場上揚，推出了一種在發達國家和香港市場都非常成熟的產品——權證。權證，就是一種期權，也是一種投資權利，可以看漲、也可以看跌，給予投資者以某個價格買入或賣出股票的權利。其實，投資者只是購買了一種權利，在獲得這種權利之後，投資者可以判斷是否行使這種權利。

從這個角度來說，權證創設之初，市場是為了讓買方和賣方能夠更好地鎖定價格，規避今後的一些風險，以確定自己投資的收益或自己的成本。但中國的權證交易和股票交易還有一個很大的不同：權證是T+0的交易方式，當天買進，當天就可以賣出，而股票交易是T+1，今天買了股票，最早明天開盤的時候才可以賣出。T+0有什麼好處？增加市場的流動性，活絡交易，而炒作的機會也相應增加。在權證交易的歷史中，出現過很多換手率超過100％的交易日。也就是說，某一種權證早上開盤時的所有投資者，到了下午收盤的時候已經全部賣給其他投資者。

那麼，投資者為什麼如此頻繁地交易呢？當然是為了賺錢。可是，我們的研究發現，很多權證，特別是當權證接近到期日的時候（也就是權證的持有者不再享有

他所購買的權利的時候），是沒有任何價值的。因為權證到期時本身是沒有任何價值的，所以快到期時當然就不再給購買者帶來任何權利，因此也就沒有任何價值了。然而，投資者往往會忽略這個簡單的事實，在權證接近到期日的時候，仍然瘋狂交易。我們發現，在權證最不值錢的時候，往往是投資者交易最頻繁的時候，有些權證在到期前的一兩天，仍然以每天100％、甚至1,000％的換手率進行交易。

投資者靠什麼在一文不值的東西上賺錢呢？靠的完全是一種信念，一種不怕最傻、就怕更傻的信念。很多投資者並不是不知道他們所購買的權證不值錢，只是認為還有比自己更傻的人，所以他們不是博弈，而是博傻。他們不在乎權證到底有沒有價值，他們相信只要有人比自己更傻，就可以把手裡一文不值的權證，以一個更高的價格賣出去，自己就可以很開心地賺錢。所謂「泡沫」，就是這樣一種心態：一個人根本不瞭解這項商品的基本面，或者雖然知道這個基本面不足以支撐這項商品的價格，但可以期待別人以更高的價格把這項商品買過去。很多權證在交易的到期日，也就是當這個權證的價值是零的時候，仍在以幾毛錢、甚至一塊錢的價格交易。也就是說，權證的交易價格，是它的真實價值的數百倍、甚至上千倍。

當然，還有些投資者之所以進行交易，是因為完全把權證市場當成了賭場，根本不知道自己交易的權證到底是什麼東西。為什麼這麼說呢？因為我們的研究證

實，投資權證的有很多人連權證是什麼都不知道，有0.6％的權證在到期的時候，被投資者錯誤行權了。什麼是錯誤行權呢？假如股價現在是20元，你持有的權證給你以每股50元的價格去買這支股票的權利，此時你當然不應該行權，因為你在股市能以更便宜的價格，比如每股20元買到股票，而不必使用貴的行權價格，即每股50元去買。然而我們的研究發現，有1‰的交易卻是這樣錯誤行權的。也就是說，有那麼一些投資者，在行權就會導致虧損的情況下，依然選擇行權，蒙受損失。

還有0.5％的投資者，是沒有將那些可以給他們帶來正收益的權證行權。比如，現在一支股票的價格是每股50元，而你持有的權證給予投資者以每股20元買入這支股票的權利，理智的投資者當然會選擇行權，因為行權會給投資者直接帶來每股30元的價差。但是，中國投資者非常有趣，很多散戶在應該行權的時候反而不行權，白白把錢留在了桌子上。研究發現，有很多參與權證泡沫投機的投資者，連權證合約到底代表什麼、如何進行交易，都沒有搞清楚就去投資了。和南海公司泡沫一樣，投資者的能力和經驗，對於泡沫的形成和發展也有很大的影響。

「當乞丐、擦鞋匠、美髮師和美容師，都能告訴你該如何發財時，你就該提醒自己，最危險的幻覺在於相信人可以不勞而獲。」

美國金融家巴魯克（Bernard Baruch）在美國1920

年代股市崩盤後，頗有深意地回顧崩盤前的市場泡沫階段時，說了上述這段話。巴菲特也有類似著名的說法：「當別人貪婪時，我變得恐懼；當別人恐懼時，我變得貪婪。」這種不受整個社會影響的逆向思維方式，對於投資反而是非常有幫助的。這也是為什麼巴菲特選擇住在偏遠的奧馬哈，不僅因為那是他成長的地方、那裡的人很友善，更重要的原因就是他不想住在一個金融中心，因為那裡的人的想法一致得可怕。

2015年中國股災

2014年底，中國A股市場出現了一輪迅猛上漲，11月24日到12月31日，在短短28個交易日內，上證綜指上漲30.07％。經過兩個月的調整，改革紅利、「互聯網＋」的預期，經過部分媒體不斷放大，推動大量資金湧入繼續推高股指，預期得到自我實現和自我強化，又帶動了更多資金跟進，進一步強化了「一致性」的牛市預期。

2015年3月13日到6月12日，股指再次急速上攻，上證綜指、中小板指數、創業板指數分別上漲54％、75％、93％，銀行、石油石化除外的上市公司平均本益比達51倍，創業板達142倍，價格大幅偏離價值中樞。

就在人民網「4,000點才是A股牛市的開端」這樣鼓舞人心的消息還在耳邊的時候，市場的情緒和資金逐漸發生了變化。上證綜指在6月12日達到階段高點5,178點，繼而掉頭向下。多項因素使得6月市場流動性趨緊，市場投資者情緒緊張，而中國證監會嚴查場外配

資，成為引發急速下跌的導火線。6月15日到7月8日，市場進入第一個急跌階段，上證綜指跌去32％。就在市場逐步止穩的時候，美國升息預期漸行漸近、人民幣貶值和全球資本市場大幅下挫等消息，導致A股市場的第二波暴跌：2015年8月18日至26日，上證綜指由4,006點下跌至2,850點，跌幅達29％。與此同時，創業板指由2,721點下跌至1,843點，跌幅達32％。在短短兩、三個月的時間裡，上證綜指和滬深300指數下跌了45％，創業板指數則是在不到三個月的時間裡下跌了56％。在股災期間，兩市總市值蒸發了逾25兆人民幣，九百餘股跌幅在50％以上，投資者人均虧損超過50萬人民幣。很多年初還對股市不聞不問，也不瞭解情況的A股散戶，在短短半年的時間內坐了一趟市場波動的雲霄飛車。遺憾的是，很多散戶為這趟雲霄飛車付出的代價，是全家的財富積累。

房地產泡沫

1920年美國佛羅里達州房地產泡沫

房地產行業一直是泡沫經濟比較眷顧的行業。一方面，房地產行業看起來受到土地這種自然資源的限制，好像具有很強的稀缺性。另一方面，由於房地產交易的槓桿性和缺乏相應的賣空（融券）機制，關於房地產的負面消息和想法，往往很難被反映到市場和價格中。這是為什麼房地產市場特別容易經歷大起大落，造成危機。

1920 年代，世界的經濟中心逐漸轉移到了美國，美國經濟在非常寬鬆的貨幣財政政策刺激下高速發展。美國南部的佛羅里達州，因為獨特的熱帶氣候、優惠的稅收環境和未被開發的土地，吸引了無數土地和房地產投資者的注意。很多人認為，佛羅里達土地稀缺，今天不買，今後就再也買不到了，於是市場上出現了瘋搶的局面。一塊棕櫚灘的土地，在短短兩、三年的時間裡，價格翻兩倍並不是什麼太稀奇的事情。邁阿密市內一時之間有 1/3 的居民，從事房地產或與房地產有關的職業。

然而，好景不長，隨著 1926 年美國經濟增長放緩，投機熱情逐步轉淡，佛羅里達州的房地產價格大幅下降，一年內就下降了 1/3。由於很多房地產炒家利用貸款融資槓桿來炒房，所以佛羅里達州一時出現了許多「負翁」。就連很多原本家底殷實的家庭，也在隨後的大蕭條中未能保住購買的房產，而大量申請破產保護。從某種意義上來講，中國在 1990 年代海南島的房地產危機，一定程度上重現了佛羅里達州房地產泡沫的許多特徵。熱帶風情和稀缺的概念，讓包括佛羅里達州和海南島在內的許多熱帶度假地區（例如：夏威夷、澳洲、泰國普吉島、西班牙、希臘等），都更容易得到投機者的追捧而經歷房地產泡沫和崩盤。在經歷一百多年的發展之後，佛羅里達州在 2000 年初的美國房地產泡沫中，又經歷了一次大漲大跌的週期。在這次房地產泡沫破裂後，佛羅里達州的房地產價格再次出現大跌，甚至幾萬美元就可以買到一間別墅，給過去一百年裡佛羅里達州的房

地產投機者們著實上了一課。

土地資源的稀缺，在人類歷史上一直存在。但是，隨著科技進步和經濟發展，建築成本和建築區域都會發生改變。原來限制人類居住的因素，今後可能未必仍然適用。過去人類生活的大城市，必須靠近大的河流和淡水湖泊，但是隨著人類對地下水的開採，這種限制逐漸變得不那麼重要了。另外，隨著交通設施和網路技術的發展，發達國家有越來越多人開始進行「虛擬通勤」。很多員工一週只需要去辦公室一、兩天，其他時間在家裡工作就好，這大大降低了人們對於地理環境和居住場所的依賴性。

與此有關的一個經典案例，就是荷蘭阿姆斯特丹中心區的房地產價格。如前文所述，荷蘭是17世紀的世界霸主，荷蘭首都阿姆斯特丹市中心運河兩邊的聯排別墅，一直是荷蘭最為人所傾心的居住場所。但是，國際研究表明，在過去三百年人類歷史變幻紛呈的過程中，世界上最早的中央商務區紳士運河（Herengratcht）城區的房價漲幅只不過是區區的每年2.3％，稍微超過荷蘭在過去三百年裡每年1.85％的通膨率。換句話說，房地產是對抗通膨不錯的保值工具，但是除此之外，不必然能夠帶來更好的投資收益。

無獨有偶，美國耶魯大學著名經濟學家羅伯·席勒教授，利用他與合作者一起蒐集的美國房地產指數的研究，也在美國發現了同樣的現象，那就是美國的房地產投資收益平均只能趕上美國的通膨率。這好像跟很多人

的直接感受大相逕庭，但是又確實和兩個重要的經濟學原理大體一致。首先，人們往往對於通膨沒有準確的估計，而且會（大大）低估通膨速度，這往往會導致宏觀經濟學裡經常談到的「財富效應」。其次，社會變化和科技進步會導致資源分配隨著時間改變，某種要素（比如原油）價格高，會引發科技進步來平衡這種要素價格對生產（比如油頁岩氣的開發）或生活的衝擊。

日本房地產泡沫

撇開房地產泡沫形成的機理不說，研究確實發現，區域性的房地產泡沫在人類社會發展中頻繁發生。但是，像1980～1990年代日本如此大規模的房地產泡沫，仍屬歷史上罕見。日本的房地產泡沫，可能是大家最耳熟能詳的，很多人認為有一定的借鑑和參考意義。

在經歷了從1985年開始的全國房價大規模上漲之後，日本房價在1990年初比1985年上漲了一倍以上，某些主要城市房價的上漲甚至超過三倍。隨著日元在國際匯率市場持續走強，到1991年，日本的土地價值達到將近20兆美元。這是什麼概念呢？意味著日本國內的土地價值，超過全球財富總值的20％，並且是全球股市總值的兩倍。

如果用更直觀的方式描述，當時國土面積僅相當於美國加州的日本，地價市值總額竟然相當於整個美國地價市值總額的四倍。到1990年，僅東京都的地價，就相當於美國全國的總地價。日本皇宮的占地面積僅為0.75

平方英里，*估價就相當於整個加州或加拿大的全國土地價值。在1989年下半年，位於銀座的高檔商用房產的價格，達到令人咋舌的地步──每平方公尺100萬美元。

在1980年代到1990年代初，你去任何一個日本人家裡，他都會很驕傲地跟你講，日本是怎樣一個獨一無二的國家，日本的經濟一定會超過美國，日本的房價比美國高一兩倍是再正常不過的事。與此同時，日本在當時也經歷了天量的流動性創造。大量的貨幣伴隨極低的房地產稅率，以及日本國民對本國經濟和文化盲目而狂熱的自信，導致了這一場人類史上轟動一時的房地產泡沫。泡沫達到頂峰的時候，日本的土地開發強度相當於美國的二、三十倍。

一般工薪階層即使花費畢生積蓄，也無力在大城市買下一間住宅，能夠買得起住宅的只有億萬富翁和極少數的大公司高管。1991年後，隨著國際資本獲利撤離，由外資推動的日本房地產泡沫迅速破裂，房地產價格隨即暴跌。到1993年，日本房地產業全面崩潰，個人紛紛破產，企業紛紛倒閉，遺留下來的壞帳高達6,000億美元。日本很多地方的房地產價格，從峰值到現在基本下跌90％。所以，筆者想再跟大家闡述一點，我們講泡沫就要講日本這個案例，我們所說的日本房地產泡沫，從峰值到現在下跌90％，是一個非常極端的例子，卻又是一個相當普遍的例子。在東京都的某些熱門地區，從

＊ 1平方英里約2.6平方公里。

1990年到2004年，房價從頂峰到谷底，商用房地產的價格下跌99％，回落到峰值時的1％。每次泡沫在形成的過程中，投資者都會激動地說：「這次不一樣」，但是在經歷了太多泡沫和危機之後，有經驗的投資者會睿智地告訴大家：「泡沫的形式，可能每一次都不同，但泡沫的實質，其實是如出一轍的。」

　　從後果來看，1990年代破裂的日本房地產泡沫，是歷史上影響時間最長的一次。這次泡沫不但沉重打擊了日本的房地產業，還直接引發了嚴重的財政危機。受此影響，日本迎來了歷史上最為漫長的經濟衰退，陷入長達逾十五年的蕭條和低迷。即使到現在，日本經濟也未能徹底走出陰影。正如日本野村證券經濟學家辜朝明所說的「資產負債表衰退」，危機過後，商業企業和居民家庭都把削減債務作為首要考慮因素，不敢投資，埋頭儲蓄，而資本形成的放緩，又進一步加重了經濟衰退帶來的負面影響。人們常稱這次房地產泡沫是「第二次世界大戰後日本的又一次戰敗」，一般把1990年代到2000年代視為日本「失落的二十年」。

03

華爾街是
投資者的朋友嗎？

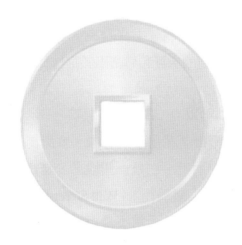

投資者在閱讀金融機構的報告，或是和金融機構打交道時，就
能夠充分意識到，這些專業人士在傳遞訊息、提供服務的同時，
也在竭力追逐自身利益。其實，他們都是委託代理關係的代理
人，可能會和委託人、代理公司產生利益衝突。

很多散戶即使在意識到自身投資能力和金融素養的局限後，仍會對自己的投資績效抱有一定的希望或幻想。為什麼呢？因為很多散戶認為，雖然自己的專業知識和投資經驗可能相對有限，不過自己也認識了很多專業做金融投資的朋友，還關注、閱讀了很多金融機構的研究報告與建議，而且理財顧問和券商經理也提供了大量的意見與建議，這些都應該能讓自己的投資能力和投資績效與專業人士不相上下。換句話說，這些散戶雖然知道自己不是什麼華爾街大鱷，但是認為因為有了華爾街的幫助，自己的投資能力和績效，應該和華爾街大鱷的差異不大。本章，我們就來探討一下華爾街的定位，以及散戶對於華爾街的意見和建議應該抱持什麼樣的態度。

金融中介服務

什麼是華爾街？在很多人心中，華爾街一直是個神祕的地方。直白地說，它是一個地名，是紐約市裡的一條街，直譯就是「圍牆街」（Wall Street）。但是，當人們談起華爾街的時候，通常不是指地理位置，而是指它所代表的經濟意義，即整個金融產業。全球各方對於金融產業有很多不同的理解。作為央視大型紀錄片《華爾街》劇組的顧問，筆者在幫助該劇進行策劃和錄製的過程中，也深切感受到中國觀眾對於華爾街的強烈興趣。

華爾街既可以影響全球金融體系、國家間的政治經濟關係和國家經濟安全，也可以影響普通人的個人收益和家庭理財。華爾街既代表了一個可以使聰明人變成有

錢人的行業，也代表了資本主義貪婪和冷酷的文化。因此，「華爾街」象徵著廣泛的概念，既是一個地理概念，也是一個產業概念，更是一個人的職業和生活方式的概念。

從金融產業來講，華爾街或者金融業本身，在人們看來是一個比較特殊的行業。我們經常聽到一些關於金融業如何更好地為實體經濟服務的討論，那麼既然把金融業單獨提出來和實體經濟區分或者對立起來，它一定有什麼特別的地方。這也是為什麼金融業如此備受關注，或者為什麼這麼多人完全不能夠理解華爾街。

造成這種現象的原因是多樣的。第一，金融業是服務業的一部分，只不過是相對比較特殊的服務行業，直接或間接地影響了每一個家庭的生活。有的人消費文化藝術品（例如：看電影、聽音樂會、唱卡拉OK），有的人消費電子產品（例如：蘋果手機、大螢幕電視、高保真音響），但幾乎沒有家庭或個人不消費金融服務商品。金融產業已經發展到深入家家戶戶的地步，當我們在使用貨幣、信用卡，或者進行線上支付的時候，就已經和金融產業緊密相連。從這個角度來講，金融產業對人們生活影響的廣度、深度和對社會各方面的重大影響程度，是其他行業無法比擬的。

第二，金融可以影響全球經濟運作。一個國家的匯率和存款貸款利率水平、進口和出口、經濟發展速度、就業和消費水平等，無一不受金融影響。正因為強大的國際化背景和全球化的影響力，當代金融產業顯得非常

獨特。我們談及華爾街，更多的是談論全球金融體系和重大國際金融機構。

第三，金融之所以重要，還因為它不僅為整個消費群體提供各式各樣的服務，也為和這些群體發生關係的雇主、公司提供融資和投資的機會。所以，金融服務業對世界經濟的服務是雙方面的，既從供給方面給企業提供服務，也從需求方面給消費者提供服務。金融服務業透過為這兩方面服務，促進了實體經濟的發展，也更好地幫助消費者獲得收益、提升生活水準。因此，華爾街對於整個經濟體系的重要性，不言而喻。

正因為金融體系和金融業如此複雜，華爾街才備受社會各界人士關注。無論是2011年發生在美國的「占領華爾街」運動，還是在金融危機之中，金融機構、金融產業對整個美國經濟和全球經濟造成的毀滅性打擊，都導致人們對於華爾街有越來越多的看法，全社會對於整個華爾街的印象也變得糟糕。

一方面，華爾街一直以高薪著稱。另一方面，華爾街隱蔽的行為方式和貪婪的公司文化，也備受社會各界詬病。華爾街究竟靠什麼賺錢？為什麼金融能夠創造這麼多財富？為什麼全世界的財富都流向了華爾街？

如果分析一下華爾街的商業模式，投資者就能在和金融機構打交道的時候，擁有比較完備的信息和正確的態度。華爾街既不是某些戰爭論、陰謀論裡所刻畫的惡魔，也不是其中的從業人員所描繪的天使。華爾街只不過是金融產業的縮影，由提供專業化金融服務的機構和

為這些金融機構服務的人士組成。那麼對華爾街的態度，很大程度上取決於投資者自己是否瞭解華爾街的語言和行為方式。只有在投資者提升了判斷能力之後，才有可能做到不受華爾街的誤導或引誘，充分利用華爾街提供的服務，幫助自己更好地投資理財，並確保整個國家的金融安全和社會穩定。

我們應該分析一下華爾街的商業模式，這樣可以讓投資者在和華爾街的金融機構打交道的時候，能夠擁有比較完備的信息，也有一個正確的態度。

華爾街的驚人高薪

在許多人的心目中，華爾街除了金融服務業之外，最受人關注的就是從業者的高薪。薪酬究竟高到什麼程度？紐約大學的學者對此進行了研究。研究發現，華爾街或金融產業的薪酬一直高於其他行業，但這不是一成不變的現象。在1930年美國大蕭條之前，曾經出現過美國金融業收入遠遠高於其他行業收入的現象。當時，金融業的薪酬大概是非金融業的1.5倍。但是在大蕭條之後，局勢發生了大逆轉。1930-1980年，整個金融產業的薪酬，和其他行業的薪酬差距並不明顯。直到1980年之後，差距重新拉大，金融業的收入大規模超出其他實體行業。到了2005年，金融業的平均收入再一次達到其他行業收入的1.5倍。其中，投資銀行的薪酬水平，更是大大高於社會平均水平，是非金融行業平均收入的數倍。

歷史的演化反映了金融產業對於其他實體經濟的影

響力。整個金融產業的收入占全國居民收入的比例，經歷了巨大的波動，從最高時候的8％～9％，到最低時候的2％～3％。所以，金融產業的收入高低，很大程度上取決於我們觀測的歷史階段。

　　要如何解釋這麼高的收入呢？研究者認為，首先，金融產業的工作比原來更複雜了，因此社會對於參與金融產業的人的技能、要求和期望越來越高，必須支付更高的薪酬來吸引有能力的從業人員。其次，隨著公司的發展，運用金融技巧的需求也越來越大，例如：IPO（首次公開發行）、發行債券、透過信用市場來控制風險等，整個市場對於金融的需求也明顯增加。隨著社會整體對金融服務需求的增加，金融從業者的工資和薪酬也相應上漲。從這個角度來講，研究者認為金融產業的薪酬水平高，有一定的道理。研究者也考慮到金融產業的從業人員，無論是教育背景、還是從業經驗，和其他行業的人員相比，確實相對豐富一些。所以研究者認為，在對金融產業和非金融業的收入進行比較的時候，必須有一個客觀看法。為什麼華爾街的薪酬比較高，其實背後有其合理之處。

　　即便考慮到這些比較合理的原因，我們仍然發現，華爾街確實獲得了高得離譜的收入。在很多《財富》世界500強的公司中，高管年收入往往在數百萬至上千萬美元，但他們必是公司的最高層管理人員，僅限CEO、CFO層級的一小部分公司雇員。而在金融產業，例如在投資銀行或基金公司，很多中高層的管理人員都會有上

百萬美元的年薪。這在從事製造業或一般服務業的人的眼裡，無疑是天價薪酬。那麼，為什麼金融業能夠獲得這麼高的收入呢？除了剛才列舉的合理原因之外，還有幾個重要因素。

華爾街的高收入與流動性

金融機構獲得收益的主要方式是提供流動性。當投資者（即投資銀行的客戶）買賣某種資產的時候，必須找到一個對手方：在買股票的時候，必須從另一個投資人手裡購得；在賣股票的時候，必須找到另一個有興趣買入該支股票的投資人。在買方和賣方之間往往存在一個價差，這個價差反映了買賣雙方對於交易的不同信息的掌握程度或者不同的判斷。如果一直存在買賣之間的價差，這個交易基本上就無法完成。比方說，一個人想以1元賣出股票，但是買的人只願意出0.98元，那麼買方和賣方就不可能達成一致，交易就無法完成。

怎麼樣能夠保證交易順利完成呢？金融服務業裡最早的經紀業務，即幫助買方和賣方順利達成交易的服務，就應運而生了。這種業務給買方和賣方提供交易機制，幫助買賣雙方完成交易，從而獲得收益。這有點像交易所的雛形，是一種造市商的機制。大家可以想像，如果沒有造市商，買方和賣方可能永遠也無法達成交易，而沒有達成交易對於雙方來說都不是好結果。在造市商出現之後，一方面它本身承擔了風險，另一方面，從對社會貢獻的角度來講，由於存在中間商和造市商這

種機制，使得原來也許不能完成的一些交易，可以透過中介機構的協助完成。金融交易完成，對社會、對買賣雙方創造價值都有貢獻。因此，金融機構分享的，不只是提供中介服務本身的價值，還有幫助整個社會資源更好地進行配置和安排之後，整個社會創造的額外財富的價值。金融產業正是透過分享額外創造的價值，逐漸成為非常重要、收入非常高的行業。

舉例來說，資本市場裡有很多交易員，他們的主要工作就是為市場提供流動性。他們的工作其實不用承擔很多風險，主要是把買方和賣方的需求連結在一起。那麼，這些交易員因為接觸市場的時間比較久，而且社會人脈資源比較豐富，就逐步確立了自己在市場上的聲望和信譽，可以透過自己的資源幫助買賣雙方完成很多原本不能完成的交易，進而分享交易完成所創造的部分財富。

從這個角度來說，金融產業並沒有什麼特別神祕的地方。它提供的就是中介服務，與婚姻中介和房屋買賣中介類似，提供寶貴的訊息和資源，把買方和賣方結合在一起。如果從交易金額來看，交易員的收益未必比房地產仲介的更高。由此來看，華爾街的高額收入中，有一部分是相對合理的，有一部分可能不是那麼合理。

資訊不對稱

風險和不對稱的回報

在華爾街從事金融服務的人員裡，有幾種人的收入特別高。一是公司高管，因為他們已經在事業發展過程

中證明自己對於整個公司業務的掌控能力。這和其他產業一樣，即公司高管必然能夠獲得非常高的薪酬。二是承銷商，他們有非常好的社會資源，可以把上市公司和投資人連結在一起，幫助促成某些重要的新股發行、債券發行、收購兼并方面的業務。還有一種人員的隊伍不斷壯大，尤其在2007-2008年金融危機爆發之前發展非常迅速，就是交易員。

這些交易員是怎麼獲得收益的？眾所周知，在金融市場裡進行交易，本來是可能賺錢，也可能虧錢的。**交易員之所以可以獲得收益，關鍵在於提供流動性。**因為給社會提供服務，交易員自然而然地獲得收益。在整個市場裡，尤其像債券市場、衍生品市場，資訊不是很公開，流動性不是非常好，透過給客戶和其他金融機構提供流動性，金融機構就可以獲得豐厚的收益。

因此，**流動性是交易獲利的一個來源。還有一種收益來源，就在於冒險。**因為投資收益基本上都是從風險來的，如果承擔越大的風險，就可以獲得更高的收益。華爾街金融機構能夠獲得這麼高的利潤，或者員工能夠獲得這麼高的收入，很大程度上是因為兩者承擔了很多風險。華爾街金融機構之所以能夠承擔如此高的風險，一方面是它們在日常工作中控制風險的能力相對比較好，可以把風險在相互不同的投資之間、不同市場之間、不同客戶之間進行多元化分散。另一方面，它們有時會透過各種方式把一些風險轉移給自己的客戶，包括搶在客戶之前交易，也包括把一些不應該發生的交易轉

嫁給自己的客戶，這些在華爾街的歷史上，都曾經不止一次地發生過。賺錢的時候把收益留給自己，虧損的時候把風險留給客戶，這很大程度上是金融產業的複雜性和社會對金融產業缺乏瞭解造成的。

除了透過侵犯客戶的利益獲利外，還有一種不合理的獲利方式，即金融機構的工作人員利用股東提供的資金進行高風險交易。這個現象，隨著很多華爾街金融機構，尤其是投資銀行由原來的合夥制企業變成上市公司，表現得越發明顯。現在越來越多的商業銀行和資產管理公司，都設法從自己的投資者、股東和發行的股票中吸收資金。在公司的營運過程中，很多時候投資的資金，並不是公司自己的本金，而是股東的資金，或者透過在金融市場上短期融資獲得的商業票據。公司在投資或進行交易時，使用自身資金的比例非常低，更多的是使用股東或客戶的資金。

我們知道，根據在國際上對銀行進行監管的《巴塞爾協議》（Basel Accords）的要求，很多大型銀行要提供8%的資本準備金，以保證銀行出現擠兌或交易風險時其他銀行和整個金融系統的安全。對很多投資銀行來說，它們在金融危機或網際網路泡沫頂點時的槓桿率是非常高的。它們的自有資本準備金只占2%～3%；也就是說，每筆交易的30元或50元裡，投資銀行自己只投入1元，遠遠低於《巴塞爾協議》對於商業銀行的準備金要求。這裡面的風險非常高，在這些風險沒有爆發的時候，這些銀行正因為利用了一個非常高的槓桿率，撬動

了別人的大量資金，才獲得了如此高的收益，這也是為什麼華爾街的收入這麼高。

但是，到了虧錢的時候，尤其是金融危機的時候，首先虧的是股東的錢。這就是為什麼即使在金融機構虧錢、甚至破產的時候，很多高管，如雷曼的高管，仍會獲得非常高的收入。這是非常不公平的。同時，我們會發現公司高管和公司員工，會因為股價上漲而獲得高額的獎金，但是在股價大幅下跌的時候，卻沒有任何員工因此受到指責和懲罰，該領多少薪水，大家還是領多少薪水。雖然獎金可能會比平時少一點，但總收入仍是很高的。所以，即使在虧損和金融危機的時候，股東遭受高額損失，公司賠了很多錢，但這些損失卻和公司員工的薪酬沒有直接關係，這也是一個非常不對稱的現象。**賺錢的時候，華爾街的交易員在賺錢；虧錢的時候，華爾街自己並不賠錢。**

這一點在金融危機的時候表現得特別明顯，因為當金融危機發生時，整個金融市場的枯竭或休克會給企業帶來很大的衝擊。很多實體經濟本來並沒有直接介入金融市場，但是需要在資本市場上融資，因為很多投資項目是透過金融市場來進行融資的。所以，一旦出現金融危機，整個實體經濟受到的影響也非常大。同時我們也看到，美國房地產市場對於美國每個家庭的財政狀況都有非常大的影響，甚至對整個美國經濟下滑、對全球金融體系紊亂，都負有非常大的責任。在這個前提下，政府不得不出手干預。所以，政府無論透過什麼方式來挽

救金融機構，是對金融機構注資將其國有化，還是透過量化寬鬆政策的方式，給整個缺乏流動性的信貸市場注入新的流動性，都是為了挽救金融危機，對華爾街交易失敗的後果做出的迫不得已的補救措施。

　　這些措施會帶來很多問題。第一，這些措施有非常大的負面的社會外生性；也就是說，它們會對社會其他成員產生負面影響。美國的量化寬鬆政策，非但沒有在短期內使自己的經濟出現轉機，還對全球市場，尤其是新興市場造成了很大的衝擊。包括中國在內的很多新興市場國家的經濟面臨了嚴重的通膨壓力，很大程度上是美國的量化寬鬆政策造成的。如此多的流動性在全球金融體系裡遊蕩，伺機進行投機、興風作浪，造成全球金融體系不穩定和系統性風險的增加。第二，在進行救助的時候，政府的資金通常來自金融產業以外的其他行業。因為政府自己其實沒有錢，政府的錢無非是透過發行國債，或者透過納稅人的稅收收入來獲得的財政收入。於是，社會上很多其他產業的人意識到，華爾街賺錢的時候，賺的比我多；虧錢的時候，政府不但不要求他們把自己賺的錢拿出來，反而需要我們這些收入低得多的人，用自己的納稅貢獻救助平時很賺錢的華爾街。這種行為和背後的邏輯，是社會對華爾街有不滿情緒，尤其是對金融危機之後的華爾街有不滿情緒的一個主要原因。正是華爾街或金融機構的這種收益與風險的不對稱性，導致了社會對金融業的不滿。

　　由於金融體系對於實體經濟的影響如此之大，對於

自己國家或其他國家的社會意義如此之大，金融機構越發覺得自己的營運方式有一種「大到不能倒」的內在保險在裡面，若是出現任何問題，政府都會來救助並買單。

正是因為有了這種心態，金融機構就越來越大膽，進而導致全球金融體系的風險也越來越高。關於這點，我們在後面講到風險管理和政府監管的時候，還會進行更多討論。**問題的核心是如何讓金融機構承擔的風險和獲得的收益長期一致。**只有讓華爾街的收入和其所承擔的風險對稱，才有可能讓華爾街問心無愧、心安理得地賺錢，在賺錢的同時不會引起社會其他行業的不滿。

寡頭壟斷

華爾街之所以獲利豐厚，還有一個很重要的原因。作為一個高度集中的產業，金融業不像運輸業，或其他服務業這些地域性很強、有非常明確市場細分和區域劃分的市場。由於資金高速流動，而且資金相對是比較無形的資產，所以**就整個金融產業而言，全球一體化和國內集中化的趨勢都非常強。無論是銀行，還是基金公司，都有這種趨勢。**在美國國內，四大商業銀行的市占率超過50％。至於投資銀行，排名前10的基本上可囊括整個市場80％的市占率。從這個角度來講，金融產業不是一個充分競爭的市場。

這也有其合理之處。無論是經驗，還是天分，從來就不是平等的。在社會上，普遍有一種「贏家通吃」的趨勢。越是成功的企業，越能夠吸引有能力的員工，這

些員工也能給企業創造更多利潤，讓企業獲得更多收益。同時，金融產業沒有資源方面（例如：礦產資源、鐵軌搭建、無線頻段等）的進入壁壘，成了人員和資金都高速流動的行業，而且具有高度的全球化。所以，其一體化的趨勢極強，行業密集度相當高。眾所周知，某個行業的競爭性越強，議價能力就相對越弱，那麼該行業就不易出現高薪酬，否則行業裡的其他競爭者，就可能利用價格優勢來獲取更大的市占率。反之，集中性比較高、壟斷性比較強的行業，資產專用性很強，一個人在一個位置上可以做更多事情，所以可以獲得更多收入。而且，因為競爭相對較弱，也不會出現某些競爭者透過價格的方式激進地進行擴張。

此外，金融產業出現壟斷，還有另外兩個原因。首先，這和政府監管有關。一旦市場出現比較成熟的機構之後，從控制風險的角度來講，政府傾向讓更成熟、更成功的企業提供服務。政府扶持的態度，逐步導致了一種自然壟斷的趨勢。隨著規模越來越大，這些企業也可以把越來越多的資源放在管控風險能力上面，把自己的資產進行多元化投資、分散配置，以便獲得更高的收益，同時承擔相對較小的風險。這種壟斷趨勢就自然而然形成了。

其次，從之前傳出的國內國債市場醜聞，以及倫敦銀行間同業拆借利率（LIBOR）市場裡大銀行操縱市場的一些案例來看，金融機構為了更好地掌控定價能力、獲得更高的收入，有意識地希望這個產業更加集中，而

不是激烈競爭。又因為金融是相對比較抽象、對於知識和專業技能要求比較高的行業，這也給從業人員一定的機會，使得他們能夠憑借著自己的知識和技能，凌駕於社會其他行業之上。在交易過程中，金融產業可以賺取更高的收入、創造更大的財富，而一些企業或投資者的利益，就會不可避免地遭受損害。

2000年，美國網際網路泡沫破裂之時，華爾街的分析師給客戶推薦了許多不切實際的股票，而他們所效力的投資銀行也因提供IPO承銷服務而獲得高額佣金。此外，在2007-2008年金融危機爆發時，很多全球性的金融評級機構（標普、穆迪、惠譽），為了獲得評級業務，給很多有毒資產和高風險資產定出了非常不切實際的優質評級。眾多投資者在這種評級的誤導之下，投資了有毒資產，結果損失巨大，甚至面臨破產倒閉。

縱觀過去二、三十年的金融業發展歷史，幕後操縱的案例確實不勝枚舉。又如華爾街在報價過程中，無論是在美國早期納斯達克市場裡、美國的高收益債券（垃圾債券）市場裡，還是在倫敦銀行間同業拆借利率市場裡，都曾經出現市場的參與者透過與交易商之間的合謀及操縱價格，制定不透明的交易規則，透過讓客戶承擔損失，為自己謀取高額利潤的情況。在全球金融市場中，永遠不乏金融從業人員利用自身資訊優勢，搶先在客戶之前進行交易，或者進行誤導性交易的案例。

資訊不對稱和投資者水平

因此，筆者認為，金融產業的資訊不對稱，對於金融業的影響甚大。不對稱體現在兩個方面。一是，由於金融產業的專業性非常強，很多從事實體行業的人對於金融定價機制、交易機制都不大瞭解。很多時候，客戶必須把自己的財富或資產，交給專業人士、也就是華爾街來管理，必須充分信任華爾街。華爾街在操作過程中，如果道德標準比較高，會把客戶的利益放在第一位。然而，也有些華爾街的公司和員工，在巨大的商業利益面前禁不住誘惑，把自身利益放在第一位，做出了損人利己、損公肥私的決定。就金融系統總體而言，專業技能要求的差異和資訊天然不對稱，導致了華爾街具有很大的資訊優勢，並且往往將其轉化為對自己有利的交易和投資。

二是，投資者對於這樣的結果，也負有不可推卸的責任。其一，許多投資者對於金融知識不夠瞭解，沒有能力、也不願意瞭解。其二，他們盲目相信自己對金融市場的判斷，並且輕信華爾街提出的建議。其三，當出現風險和損失的時候，由於自己行為上的偏差，比如受到過分自信和簡單預測的影響，投資者往往會做出一些草率的決定和簡單天真的判斷。如此表現被華爾街看在眼裡，自然為其提供極多賺取客戶收益的機會，這也是華爾街獲得如此高收入的原因。**華爾街收入的很大一部分，是由於客戶對於金融的不瞭解而產生的。華爾街的**

高收入，一定程度上是因為普通投資者輕易把辛辛苦苦賺到的錢，拱手送給了華爾街的高管。這也是為什麼本書用整整一章的篇幅闡明其中原委，就是希望能夠幫助投資者進一步瞭解華爾街，瞭解自己與華爾街的關係，從而更加瞭解投資和金融，瞭解自己與金融市場的關係。

華爾街的貪婪逐利 —— 了解賣方機構

總體來講，通常所說的「華爾街」，是由兩種不同的金融機構組成的。一是買方機構，例如：私募基金、私募股權基金，都叫作買方基金。這些買方機構用自己的資本或別人委託管理的資金進行投資，對自己的投資結果負有責任，贏利或虧損都會在投資績效表上表現出來。

二是賣方機構，就是做經紀業務，提供中介服務的金融機構，例如：證券公司、期貨公司。它們的主要業務不是自己操作投資（即便如此，也往往擁有規模較小的買方機構），而是透過提供中介業務，包括投資銀行業務，來獲取收益。投資銀行業務的基本職能，是幫助企業進行上市前的準備，包括和潛在投資人進行溝通，瞭解投資者的需求等。賣方機構的另一項主要業務是銷售和交易的業務，主要是為客戶（尤其是大型金融機構和高資產淨值的個人）提供投資建議。賣方機構並不直接用自己的資金進行交易，主要是提供投資建議和中介服務。最後，賣方機構還有一部分財富管理的業務。財富管理的跨度相對比較大，投資銀行做財富管理，往往也是幫客戶介紹商品，或者做產品管理和銷售工作，而

不是直接幫助客戶進行投資。因此，從這個角度來講，賣方機構其實更多的是提供一種偏向金融服務型的業務，給需要這種專業知識、技能及投資管理的機構和個人提供資訊和服務。

由於賣方機構和客戶在金融水平及對金融市場認知上的差異，更由於巨大的利益誘惑和華爾街的貪婪文化，華爾街發展的歷史上一再出現欺詐行為。這些欺詐行為之所以得逞，有些確實因為法律和監管上存在漏洞，但不可否認，華爾街在和監管層玩貓捉老鼠遊戲時，確實略勝一籌。

在網際網路泡沫出現時，美國賣方機構（投資銀行）很多都看空唱多，給投資者提供的研究報告或推薦意見，和自己公司的交易部門提供的交易方向與策略截然相反。他們提供了一些自己不相信、也明知是錯誤的正面信息，給公眾投資者和客戶；與此同時，在客戶買入的時候，投行的交易部門卻找到合適的價格拋售。從法律上來講，這有違背財務盡職責任的嫌疑。從道德層面來講，這麼做嚴重背離了中介機構為客戶服務的道德水準。在美國網際網路泡沫之後，美國多家投資銀行的分析師被起訴，因為他們給投資者或機構投資者提供了非常正面、有吸引力的科技公司推薦報告；但與此同時，他們給內部員工寫的報告，卻反映出這些網路公司其實沒有任何贏利，表示看空。他們就利用這種方式說一套做一套，在轉移投資者視線的同時，讓自己的交易部門向與自己有緊密利益關係的機構藉機出貨。

此外，投資銀行研究部門的績效，和預測的準確性和客觀性並沒有太大的關係。無論是國內的新財富排名，還是國際機構投資者的雜誌排名，所選出來最好的分析師，往往不是預測最準的。他們之所以成為明星分析師，更多是因為可以給客戶帶來更好的服務。**根據美國和國際上對賣方分析師的研究，優秀分析師預測的準確性，並不比一般分析師更高。**

如果他們的推薦並不準確，為什麼還可以獲得客戶的好評？這是因為分析師和社會其他投資者相比，擁有更大的優勢。他們可以更準確地獲得有關公司的內部消息，這完全合法。在這個前提下，分析師可以選擇把什麼訊息披露給市場、把什麼訊息披露給什麼樣的投資者。在具體操作的時候，很多分析師會把比較有力、重要的資訊，提前透露給對自己更有幫助的投資者。

於是，很多時候，分析師本身沒有什麼違法行為，只是在利用整個資訊傳導機制的時候有一些不對稱或不嚴密的地方，透過為一部分機構投資者和大客戶提供服務，達到提升自己的客戶滿意度和行業排名的目的。在幫助核心客戶的過程中，分析師其實侵害了中小型投資者和其他一般機構投資者的利益，但這並不是分析師的重點考慮範圍。通過偏袒大客戶，很多分析師獲得了大機構的支持、認可和投票，進而逐步變成明星分析師，獲得更高的薪酬。直到1990年代，這種做法在美國才最終被限制。美國頒布了《公平披露規則》（Regulation Fair Disclosure），要求上市公司和分析師必須在同一時間，

向所有的投資者提供同樣的訊息。不過，在全球其他主要資本市場，類似的改革還有待推行。

　　資本市場的資訊傳導機制導致了不對稱現象，促成賣方分析師做出厚此薄彼、區別對待的不當做法。這種趨勢在網際網路泡沫破裂的時候，表現得特別明顯。在網際網路泡沫頂峰時期，投資銀行基本上可以向客戶保證，如果今天拿到IPO股票，明天一上市就賺100％～200％沒有任何問題。事後，美國證交會、紐約州首席律師辦公室都發現，很多投資銀行在承銷的公司上市之前，就已經把世人矚目的預上市公司的股票分配給最有價值的客戶。這裡面既包括本公司的高管和合夥人，也包括其他和公司往來密切的重要客戶及其高管。這樣一來，IPO股票的分配機制，從較公平的抽籤方式，變成了一種區別對待的分配機制。賣方分析師把對自己有幫助的投資者的利益放到第一位，而把社會利益和其他投資者的利益置於次要地位。

　　有知情者清楚地瞭解到證券的價格遠遠高於證券的真實價值，這些現象在市場泡沫高度膨脹的時候特別明顯。進行IPO承銷的券商公司分析師，對IPO上市公司的評價，遠遠高於沒有承銷業務的證券公司的分析師。很多賣方分析師對公司的經營狀況進行調查，最後給客戶提供短則四、五十頁，長則上百頁的研究報告，以及一個最有效的訊息，即股票的評級——買入、持有或賣出。這些IPO公司上市後的發展趨勢，也證明了這些承銷公司的分析師，在撰寫企業研究報告的時候，並非客

觀反映公司的實際營運水準，而是為了幫助自家公司獲得這宗IPO交易，而把IPO價格訂得過高，故意給出過分樂觀的預測，為公司投行部門做宣傳。從這個角度來講，證券公司或券商的行業研究，很大程度上是研究有助銷售的業務輔助性部門。

廣大散戶在投資時，也會積極地尋求各種資訊。投資者往往會聽聽周圍人的反饋和推薦，並且關注和參考賣方分析師的推薦。**如果能夠清楚認識到分析師的工作，並不是給大眾投資者提供免費、準確的服務，而是促進券商自身的業務，那麼在對待券商分析師給出的推薦和研究報告時，散戶可能會有更加客觀和慎重的態度。**

在中國，曾有一些證券分析師被吊銷執業資格，最近又出現了一些保薦人*被吊銷保薦人資格。為什麼有分析師會被稱為「黑嘴」，有保薦人會被稱為「黑保」？如果仔細想想這些從業人員的工作目標和利益所在，散戶就會客觀考慮「專業人士」的推薦和保薦了，請一定要三思而行。

當然，這種情況並不局限於中國的資本市場。如果看一看證券分析師的推薦，感覺股市似乎應該要天天向上。但是，事與願違，市場恰恰時常波動。分析師都受過專業訓練，應該對公司的基本面和整個產業非常瞭解、進行了仔細研究，才推薦某家公司。但為什麼預測如此不準確？根據美國資本市場的研究，過去二十年出

---

* 中國股票發行市場負有保薦責任的個人。

現通貨膨脹的不只是物價，分析師的推薦也出現了明顯膨脹，變得越來越樂觀。1986年，所有研究報告裡面的平均推薦是「持有」，15％的推薦是「賣出」或「強烈賣出」。也就是說，分析師的推薦在買賣雙方還是大致上平衡的。到了2000年，情況發生了很大的改變。在網際網路泡沫期間，所有研究報告裡面的平均推薦是「買入」，只有不到2％的賣方分析師的推薦是「賣出」或「強烈賣出」。也就是說，分析師的推薦是一面倒地偏向推薦投資者買入股票。結果如何？納斯達克指數從2000年的5,000點很快跌破2,000點大關，廣大投資者承受了重大損失。

因此，投資者必須清楚地瞭解賣方機構研究和推薦背後的強烈利益驅動，正確地看待自己接觸到的資訊。這和之前談到的投資者素質和心態有關，很多投資者聽到朋友投資賺錢就躍躍欲試。其實，在這種時候，首先應該恭喜他。其次，必須考慮兩個因素。第一，這位朋友在講他做得多好的時候，可能有一些東西沒有說。他可能買了五檔股票，一檔賺錢了，另外四檔虧損了，但是他只講了那支賺錢的股票，沒有講其他四支虧損的股票。從整個投資組合的角度來講，他其實是虧錢的——事實上，這才是各國學者一致發現的散戶真實績效。想想我們的行為傾向，估計誰都不會整天向朋友宣傳自己虧錢的經驗。

第二，你必須考慮到，你只是在聽到他說這些話的時候，他的這支股票賺錢了；你有沒有想過，可能過了

一個星期，這支股票就虧錢了？你聽到的只是一則股票買入的消息，但是面臨了一個更大的問題，就是「什麼時候賣出這支股票？」。很多散戶買入股票後確實賺了錢，但沒有想到何時賣出的決定，比買入什麼股票的決定還難。這是一項很大的挑戰。2012年，蘋果公司的股價從每股370美元漲到每股700美元，後來又跌至每股420美元。很多人都覺得蘋果是一家好公司、蘋果的產品是好產品，但是這並不影響公司的股票，公司的基本面不變，帳上還有幾十億美元現金，大家很喜歡它的產品，那麼它的股價為什麼大漲又大跌？

重要的是：你在什麼時候得到這個訊息，是不是聽到了公允的資訊？選擇性偏誤和自利性偏誤都讓投資者覺得，自己可以做得更好，而且已經做得很好了。所以，很多投資者雖然今年賺了錢，但其實遠遠落後於大盤的績效。如果比較散戶績效和大盤績效之間的差異，相對而言，散戶在牛市表現更差，可能大盤上漲了30％，散戶只漲15％。對於自己的績效和整個市場的績效沒有科學判斷，投資者就很難意識到自己的投資表現欠佳。

當然，在瞭解賣方機構（投行、券商）的很多研究，其實是為了支持投資銀行的銷售業務，而不是客觀地幫助投資者更瞭解某家公司真實投資價值和長期發展前景之後，投資者就必須對賣方機構研究的質量、研究的公正性、客觀性，以及該研究對自己投資選擇的影響，有一個正確的態度。

　　華爾街近年貪婪的商業文化，讓好萊塢的導演們都驚訝不已。在過去幾十年，《華爾街》（*Wall Street*）、《華爾街：金錢萬歲》（*Wall Street: Money Never Sleeps*）、《情慾華爾街》（*Arbitrage*）、《黑心交易員的告白》（*Margin Call*）等影片，都反映了華爾街逐利的資本主義商業文化。華爾街每年都會爆發大醜聞，或者嚴重違規行為。無論是CDO（擔保債務憑證）的承銷行為、網際網路泡沫時的市場研究部門、網路公司上市股票的分配過程、倫敦銀行間同業拆借利率操縱案，還是1980年代美國的大規模內部交易醜聞，都反映出欺詐遍布華爾街和整個金融產業。

　　金融業確實存在著這種弊端。首先，由於資本市場裡資訊高度不對稱，只有少數專業人士才理解整個市場機制如何運作。其次，金融機構和資金的關係比較緊密，牽涉財富，誘惑力太大。第三，這個產業有很多進入壁壘和不透明的地方，所以內部人士才有操作空間。第四，高槓桿、風險和收益的不對稱性，使得賣方機構追求高風險和高收益的心態愈演愈烈，把問題留給股東和監管層。在中國國債市場、美國的垃圾債券市場和英國倫敦銀行間同業拆借市場，都曾出現過少數金融機構利用自身資訊優勢和龐大的交易網絡，實施市場操縱、牟取巨額利益的案例，犧牲的是整個社會和投資者的財富與利益。

　　對賣方機構的行為模式更加瞭解後，希望廣大散戶意識到，華爾街和金融機構的專業人士，並非自然而然就是自己做投資時的朋友，對於他們的言論必須有選擇

地接受和理解。投資者在閱讀金融機構的報告，或是在和金融機構打交道的時候，要充分意識到，這些專業人士在傳遞訊息、提供服務的同時，也在追逐自身利益的最大化，有不為人知的想法。他們都是委託－代理關係的代理人，可能會和委託人、代理公司之間存在利益衝突。在這樣的大環境下，筆者認為，**投資者在面對投資銀行或機構提供的資訊時，一定要全面深入地瞭解賣方機構，同時更謹慎、客觀地判斷專業金融機構的建議。**

04

監管者是
散戶的朋友嗎？

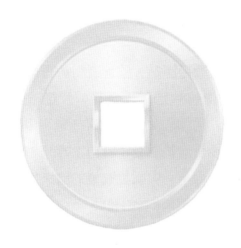

政策和監管的力度，其實是由市場和廣大散戶的預期決定的。只有
當投資者對投資和金融有了正確的認識，監管者才可能成為投資者
真正的朋友。投資者不切實際地將市場上漲和賺錢的希望全部寄託
在監管者身上，非但不能讓自己賺錢並推動市場上漲，反而會破壞
市場秩序，讓市場出現更大的波動，並給自己帶來更大的損失。

有問題，找政府

其實，中國A股市場裡廣大投資者對於市場和自己投資績效的信心，一定程度上並不完全來自於對市場或自己的瞭解。這種信心，很大程度上來自於對政府調控政策和對於監管層的信心。換個說法，很多散戶認為監管者是自己的朋友。

監管者當然是散戶的朋友。中國證監會「公平、公正、公開」的監管思路，就清晰地反映出監管層對於中小投資者的保護，對法律法規的尊重和執行，以及對於信息披露的要求。從這個意義上說，監管者毫無疑問是資本市場裡散戶的朋友。

但是，廣大散戶認為，監管者對於自己的友好程度和支持程度，遠遠超過了「公平、公正、公開」的要求，而是帶有非常強的父愛式的責任感。中國A股市場裡面的大多數投資者都認為，股市上漲是一件好事，而股市下跌是一件壞事。中國證監會的諸多使命之中，有一條就是促進中國資本市場的發展。*

在這項使命的指引下，有些人認為股票市場的上漲，是中國證監會的主要監管職能和目標之一。因此，中國證監會會積極採取一定措施，防止股市下跌。由於股市出現下跌，可能會導致中國超過一億參與股市的股民蒙受損失，因此可能影響社會和諧與穩定，所以不少投資者盲目地認為，政府會透過托市救市的方法，對市

---

* 參見http://money.163.com/13/0722/19/94DLCCM400254ITV_all.html。

場上漲提供隱形的擔保。

　　因此，每次中國Ａ股市場出現牛市，一定程度上都是因為有一些中國投資者相信，政府一定不會讓市場下跌。正是因為有監管層這樣的好朋友對自己的投資負責，很多散戶就認為，自己無須對自己的投資負責，更不關心，認為股市就應該創造財富，而自己作為投資者，無須面對任何風險。

　　從這個意義來講，中國證監會和包括美國證交會在內的很多其他國家的證券市場監管機構的使命不盡相同。以美國證交會為例，其主要目的在於保證資本市場的秩序、公平和穩定，對於市場的上漲或下跌、關於上市公司的具體資質，並不負任何責任。正如美國證交會主席曾經驕傲地說：「我們就是資本市場的看門者，我們的任務就是保證違法行為受到查處和懲罰。」

　　除了各國證券監管部門的這個普遍職能外，中國證監會還有一項重大使命，就是促進中國資本市場的發展。在這種政策使命的驅使下，很多中國散戶不相信中國政府，特別是中國證監會，會容忍市場出現大規模的下調。這在一定程度上解釋了為什麼中國散戶特別容易受到「政策牛」、「改革牛」、「監管牛」等打著監管和改革的幌子，被人為打造出來的短期牛市和泡沫的影響。回顧中國Ａ股市場在2005-2007年市場泡沫期間和2015年市場泡沫期間的很多說法，正是利用了中國Ａ股市場中散戶對於政府和監管層過分相信與依賴的心態。

　　與此同時，隨著2007-2008年全球金融危機爆發，中

國A股市場在2005–2007年和2015年這兩場A股泡沫崩盤之後，很多投資者不是反思自己在泡沫過程中犯的錯誤，也不著急賣出止損和控制風險，而是寄望監管層祭出穩定市場的措施，祭出刺激股市進一步上漲的措施。尤有甚者，在股市大跌的過程中，透過各種方式，向證券公司、證券交易所和中國證監會施加壓力、表達不滿，希望透過群體事件的方式向監管層和政府施加壓力，要求中國政府和中國證監會採取保證股市上漲的措施。

正如讀者可以猜測到的，大多數要求政府和證監會祭出措施推動股市上漲的投資者，是那些在市場高點購入大量股票，而隨著市場下跌蒙受大量損失的投資者。在過去二十多年裡，中國投資者在中國證券監管部門和交易所之前抗議與示威的事件發生過很多次。近年來，隨著中國A股市場的發展和A股市場散戶心態的逐漸成熟，這種公開的抗議事件逐漸減少（最近一次的大規模群體事件，是由雲南泛亞有色金屬交易所倒閉後引發的，和中國資本市場並沒有直接關係。）但中國A股市場仍有很多散戶錯誤地認為，資本市場發展就意味著股市上漲，而作為中國資本市場的監管者，證監會的目的和使命就是呵護中國A股市場上漲，保證A股市場的散戶賺錢。

股市漲跌，誰之責？

究竟監管者要不要對市場的漲跌負責？這可能是過去二十年中國A股市場股民和監管層都在反覆思考的一

個問題。但在思考這個問題之前，散戶可能更應該認真思考另一個更重要、更深刻的問題，那就是究竟是什麼決定市場的漲跌？

其實這個問題，比某支股票會漲還是會跌容易很多，畢竟在市場層面，很多個股層面的消息此消彼長、相互對沖，大的方向相對好把握一些。但散戶仍然可以藉著這個機會，問問自己是否真的理解是什麼因素決定自己準備買賣的股票今後的漲跌趨勢。

自從17世紀股市在荷蘭誕生至今，人類資本市場發展的絕大多數時間，是在沒有市場監管者、資本市場行業自律的監管環境中度過的。散戶朋友們有沒有想過，**在證監會成立和監管市場之前的數百年時間裡，是什麼因素影響市場的漲跌呢？**

股票市場是信息的市場，也是信心的市場。市場的漲跌，既反映了短期經濟活動和企業贏利的消息，也反映了這類信息對投資者的信心和預期的影響。**雖然好消息可能會帶動市場的上漲，而壞消息可能會引發市場的下跌，但其實真正影響市場漲跌的，是這些消息對投資者對於後市信心和預期的改變。**從這個意義來講，即使是好消息，有時也會帶來市場的下跌（利多出盡），而壞消息反而帶動市場的上漲（利空出盡），市場的漲跌很多時候反映的是消息好壞和市場預期之間的差異。

且不說中國國務院和證監會的寶葫蘆裡，是不是真的有能夠保證股市只漲不跌的靈丹妙藥，即使真的有，即使國務院能不斷出台有利於經濟的政策，證監會能夠

不停地出台有利於市場的政策，這些政策仍然可能因為力度達不到市場的預期，而引發市場的下跌。也就是說，政策和監管的力度，其實是由市場、由廣大散戶的預期決定的。**無論政策是否給力，都是相對於散戶和市場的預期而言，而市場的漲跌，最終還是由散戶和市場參與者自己的心態和預期決定的。**理解了這個道理，散戶可能就應該理解，只有自己對於投資和金融有了正確的認識，監管者才有可能真正成為自己的朋友。不切實際地將市場上漲和自己賺錢的希望全部寄託在監管層身上，非但不能促進自己的成長和市場的上漲，反而會破壞市場規律，導致市場更大的波動和自己更大的損失。

善意的做空者

很多散戶以為，監管者只要祭出利多股市的政策，就一定能夠幫助自己賺錢，就是自己的好朋友。他們認為，無論是透過暫停新股發行來控制市場融資的節奏，還是透過鼓勵更多資金進入股市，這些有利於股市上漲的政策，應該提出越多越好。而與此同時，很多散戶認為，對於股指期貨或融券交易這種允許投資者看空市場的交易，應該給予大力限制、甚至禁止。

2015年，在中國股市大跌的過程中，中國A股市場下跌的幅度之大、速度之快，大大超出了很多投資者、特別是新進股市的散戶預期。很多散戶，乃至一些專業人士和監管人士當時認為，一個正常的市場不應該出現這麼大規模和急劇的下跌，這背後一定有陰謀，透過

「惡意做空」來「狙擊」中國股市。

　　有人指出，2015年和2008年市場大跌不同的一個重要原因，是中國市場在過去幾年裡陸續引進了以融券和股指期貨為代表的做空機制。因此，「惡意做空者」也就順理成章地成為被大家指責為導致這次市場大跌的罪魁禍首。

　　其實，且不說2015年中國市場的大漲和大跌，與2008年那次市場波動在全球貨幣政策、宏觀經濟政策、企業贏利水平等方面都發生了非常重大的變化，中國目前市場做空交易和股指期貨市場的規模，和2008年秋席捲全球的股災時國際資本市場上的做空力量相比，也不能同日而語。事後的復盤研究表明，股指期貨和融券交易的推出，其實很大程度上降低了2015年股市泡沫和股災的幅度，和2008年的股災相比，也大大降低了散戶的平均損失幅度。

　　但當時仍有不少人士，特別是很多散戶認為，既然美國證交會和紐約證券交易所，以及很多其他西方國家在2008年全球金融危機之中，為了緩解市場恐慌和拋售，都不得不祭出監管者的最後法寶，限制甚至禁止了一些股票的做空業務，中國資本市場也應該仿效西方資本市場的經驗，限制、甚至禁止做空。一時之間，做空者和「惡意」好像自然而然地連結在一起了。

　　其實，自從做空交易和股票市場一起在三、四百年前首先出現在荷蘭以來，做空者的形象在市場中一向不為人所稱讚。西方資本市場對於是否應該允許做空交

易，一直存在分歧。一方面，有人認為，有些投機者為肥一己之私，做空股票，造成股價下跌，市場波動，簡直無異於犯罪。法國在拿破崙統治時期，就曾頒布過將做空者判刑入獄的極端法律。但是另一方面，做空交易的支持者則是認為，做空和買入其實是證券交易自然的對立面。看多的投資者用買入表達正面的看法，買入交易同時推高股價。反之，看空的投資者用賣空表達自己負面的看法，賣空交易同時壓低股價。由於一般的賣出交易，必須以先前的買入為先決條件，所以並不能允許投資者自由地表達其對於股價的負面看法。因此，只有做空交易，才能提供買入持有的交易的對立面。所以，**做空交易不但不應被視為洪水猛獸，反而是一個健康、平衡的市場必不可缺的組成部分。**

2005年，筆者在發表於全球頂級金融學雜誌——《金融學期刊》的一篇論文中提出，取決於各國市場發展階段不同，各國監管層往往會對做空交易採取不同的折中做法。通常較為發達的市場大多允許做空，而相對年輕的市場一般都對做空機制有所保留。很多市場監管者之所以對做空機制心存芥蒂，主要是因為他們認為，做空機制有可能導致市場突然大規模下跌，造成系統性的風險。譬如，很多監管者認為，1987年黑色星期一股災和2008年股災都是由做空導致的。

然而，相關研究表明，市場大跌和做空機制之間，並不一定有因果關係。如奧地利學派著名經濟學家傑文斯（William Stanley Jevons）所說，太陽黑子活動和歐洲

股票市場的波動有關，但兩個事件同時發生，並不代表兩個事件之間一定有因果關係。筆者基於全球48個資本國家的跨市場研究表明，市場引入做空機制，並不會帶來市場出現明顯下跌。反之，筆者發現，資本市場發現信息和配置資產的能力，在引入做空機制之後，得到了明顯的改善。同樣發表在《金融學期刊》的後續研究表明，即使是在2008年金融危機中各國採取的限制做空銀行和金融股票的決定，也並未能夠有效防止市場的進一步下滑，反而導致市場效率的下降和投資者信心的挫敗。這一針對2008年全球金融危機的事件驅動研究，更進一步印證了筆者關於做空機制重要性的結論。

那麼，市場如何區分「善意」和「惡意」的做空者呢？事後看來，如果做空者做空的股票，確實涉及過高的估值（如網際網路泡沫中的網路公司股票）和財務詐欺〔如安隆公司（Enron Corporation）〕，那麼整個市場裡的投資者（除了那些在高價買入的投資者外），都應該感謝做空者發現了這些公司的問題，因為正是這些「善意」做空者的做空交易，防止了騙局和泡沫持續下去。

那麼，如果真如監管者和某些投資者所擔憂的，有些做空者判斷失誤，誤傷了那些資質優良、估值合理的公司，甚至真的有「惡意」做空者專門以打壓股價為目的，這時情況可能就會稍微複雜一些。

對於那些已經持有某股票或某市場的長期投資者而言，這並不是個問題，因為短期的波動率不會影響他們的投資決定，說不定他們還可以利用機會增加倉位，在

長期獲得更好的收益。那些在 2000 年網際網路泡沫破裂後，以一兩元人民幣的價格買入搜狐，以三五元人民幣的價格買入騰訊的投資者，估計從心底都會感謝當年做空這些股票的人。

西方投資界有句俗話，叫作「大跌造就大富」。2008年約翰·保爾森（John Paulson）透過賣空金融公司的股票和債券，在金融危機中成為最賺錢的明星。而大衛·泰珀（David Tepper）則在隨後一年中，因為看好和重倉類似股票與債券，成為對沖基金賺錢榜上的新科狀元。**畢竟，只有具備波動，才會給全社會的投資者帶來長期投資的機會。**

那麼，那些不幸在高位買入、又不幸在低位擋不住恐懼而斬倉出局的短線投資者呢？這恐怕只有回到巴菲特的格言：誰讓你不瞭解自己買入的股票呢？畢竟，買賣交易有雙方，當一個投資者被震倉洗出場的同時，正有另一個投資者欣然入場。

當然，做空仍是一種危險的交易。其一，像 2008 年全球金融危機中做空者大幅壓低金融股股票，會造成全球信用市場凍結和投資者信心瓦解，全球市場的系統性風險飆升。其二，由於做空方面臨理論上無窮大的潛在損失，所以可能採取比較極端的交易策略，進一步加大市場的系統性風險。其三，股票價格的極端波動，有可能導致恐慌在整個經濟體、乃至全球範圍傳播。對於這些風險，市場監管和交易所確實不得不做足準備。紐約證券交易所在 2008 年終止禁止做空者在市場下跌時進行

做空交易的禁令，被很多專家認為對當年因做空而導致的股災負有直接責任。

美國有研究表明，那些高調反對做空其股票的公司，往往最終被證明確實存在財務問題。清者自清，如果沒有可隱瞞的，市場大多數時間會在長期給出正確的判斷和公允的價格。譴責、羞辱，甚至威脅做空者，很可能反而會向市場傳遞一種缺乏信心的訊號。從這個意義上來講，可能很難區分「善意」和「惡意」的做空者，因為他們都在幫助市場蒐集更多、更完備，也更準確的信息。做空者在歷史上承擔了很多責任，雖然很多人都不瞭解「空軍」到底傷害了誰。人們都害怕市場大跌，但為什麼就不怕造成大跌的泡沫呢？

由此可見，很多時候散戶的主觀感受和市場規律並不完全吻合，一些看似有利於散戶投資賺錢的決定，很可能在今後成為誘使散戶虧損的重要原因。

惡意的做多者

散戶幾乎無一例外地喜歡上市公司發布好消息，喜歡分析師樂觀的預測，喜歡股價上漲，但是往往在市場火熱和情緒高漲的時候，特別容易放鬆警惕，淪為市場波動的犧牲者。

弗蘭克‧奎特隆（Frank Quattrone）曾經是 1998–2000 年網際網路泡沫期間，整個美國矽谷最有影響力、賺錢最多的銀行家。他曾在摩根士丹利、德意志銀行和瑞信工作，並主導、參與了包括網景（Netscape）、亞馬遜和

思科IPO在內，那個時代最大規模的IPO交易。有紀錄表明，在網際網路泡沫頂峰時期，奎特隆每年的收入超過一億美元。

真正讓奎特隆出名的是，在網際網路泡沫破裂之後，美國證交會和司法機關對於奎特隆在網際網路泡沫期間涉嫌違法行為的調查和指控。一方面，奎特隆突破了投資銀行中的「中國長城」：將證券分析、風險投資與上市承銷三個業務集於一體運作。因為自己在預上市項目中占有股份，因此每次他負責的項目都能成功上市，這讓他在不久之前進行的風險投資價值倍增。歸根結底，這是一種涉及嚴重利益衝突的變相內幕交易。

除此之外，奎特隆為了能夠獲得更多的投資和上市項目，會利用分配搶手的IPO股份的機會，給那些有望上市的IT公司的創業者和IT巨頭公司高管好處，以便獲得得天獨厚的內幕消息和投資機會。聯邦調查局還認為，奎特隆有時在瞭解預上市公司內幕的基礎上，人為地包裝公司業績，推高一些網路公司的業績和股票價格。雖然在經過兩次審判之後，奎特隆最終與原告達成和解、未被宣判有罪，但他在矽谷網路泡沫期間如日中天的聲望，因此受到了很大的影響。

無獨有偶，網際網路泡沫期間的另一位明星——美林證券的網路分析師亨利・布羅吉特（Henry Blodget）在網際網路泡沫破裂後，受到美國紐約州檢察官艾略特・史必哲（Eliot Spitzer）起訴，控告他在網際網路泡沫期間，公開發表的很多唱多網際網路的研究報告中的

內容，和他自己在美林內部溝通中看空同樣股票的見解大相徑庭。檢察官認為，布羅吉特為了自己和雇主的利益，惡意散布不實信息，唱多做空，誤導投資者，對於網路泡沫頂端時狂熱的投資者情緒和投資行為負有不可推卸的責任。檢控雙方最終在庭外達成和解，案件以布羅吉特承諾終身不再進入資本市場，並繳付數百萬美元的罰款結案。

其實，無論是投資銀行家、收購兼并顧問，還是投資研究分析人員和首席經濟學家，這些人充其量也只能算是資本市場裡的唱多者，而非真正的做多者。畢竟，擁有大量資金的公募基金和私募基金經理人，才是那些透過持有大量公司股票的多頭，從股市上漲的過程中獲利豐厚的真正做多者。其間，既包括確實看好大盤急漲後走勢，矢志不移的「死多頭」，也有在市場上相機而動，靈活進出的戰術投資者，隨著市場波動的節奏，不停地改變自己的部位和交易。

市場上真正的多頭，其實是上市公司的大股東和實際控制人。公司創始人家族、戰略投資者和基石投資者，*往往由於歷史原因持有公司的大量股份，又不能像基金經理人那樣，完全因為對市場的短期走勢判斷而自如地增減倉位。一方面，他們私下對股價的持續上漲非常滿意。另一方面，他們也逐漸透過減持、分紅、送股

＊ 公司IPO時，提前與發行者簽訂協議，確定獲配一定數量股份的投資者，主要是一些機構投資者、大型企業集團、知名富豪等。通常相關資訊需要披露，普遍設有禁售期。

和回購，以及收購其他企業的方式達到套現和多元化的目的。

有一些上市公司的實際控制人，或者專業經理人，為了在短期推高股價、提升自己的財富，或者為了在更高的價位變現自己持有的股票，讓自己獲得的股權激勵更有價值，會採用在短期內進行財務造假、誤導投資者的做法。

美國安隆公司，就是這樣一個典型的例子。安隆公司曾是世界上最大的能源、商品和服務公司之一，名列《財富》雜誌「美國500強」的第7名，並且連續六年被《財富》雜誌評選為「美國最具創新精神的公司」。然而，就是這家全球領先的公司，在2001年12月2日突然向紐約破產法院申請破產保護，成為美國企業破產歷史上規模最大的案件之一。

對安隆財務造假案的調查顯示，這家看上去擁有上千億美元資產的公司，其實大致上是一系列持續多年、精心策劃的財務造假的產物。為了追逐高盈利和個人財富，安隆公司的所有董事會成員和公司高管，幾乎都有意無意地捲入了公司的造假行為。

為了虛增收入利潤和壓低成本與費用，公司高管在公司之外設立了大量隱祕的合夥公司。安隆從外界借來的巨額貸款經常被轉入這些公司，不會出現在安隆的資產負債表上。這種做法不僅隱藏了安隆高達130億美元的巨額債務，還給了安隆一些高管從中牟取私利的機會。

更讓投資者氣憤的是，雖然安隆的一些高層對於公

司營運中出現的問題非常瞭解，但是為了私利，或者對於公司的亂象熟視無睹，或者刻意隱瞞不斷惡化的公司狀況。公司的14名監事會成員有7名要麼正在與安隆進行交易，要麼供職於安隆支持的非營利性機構，獲取公司支付的豐厚酬勞，因此選擇對安隆的種種劣跡置若罔聞。在如此失靈的公司治理結構下，包括首席執行長斯基林（Jeffrey Keith Skilling）在內的許多董事會成員，一方面鼓吹安隆的股價還會繼續上升，一方面卻在大量祕密地拋售公司股票。

安隆公司的股價在2000年上漲了89％。在上漲過程中，高盛、美林的賣方分析師，都強力推薦安隆公司的股票。當時，全球規模最大的會計師事務所安達信（Arthur Andersen LLP），也為安隆的財務狀況提出了非常正面的評價和獨立的專家意見。2001年11月29日，安隆公司的股價暴跌85％，創下紐約證交所單支股票跌幅的歷史紀錄。公司最終申請破產保護，這不僅導致全球大量投資者蒙受巨大損失，公司的大量員工更是深受其害。那些參與造假行為的安隆高管，大多受到了法律嚴厲的制裁，而給安隆提供財務審計的安達信會計師事務所，也因為在集體訴訟中要承擔給投資者提供賠償的連帶責任，而不得不申請破產保護。

由此可見，做多是上市公司自然而然的利益訴求和操作方向，至於是不是所有的做多行為都合法合規，是不是所有的做多行為都一定是正確或善意的，看起來倒是值得推敲和思考。

綜上所述，無論是金融從業人員、實體企業、政策制定者，還是監管層，都有完全可以理解的理由，希望牛市可以持續發展下去。為了達到牛市的目的，也為了達到自身事業發展、財富增值、政績卓越的目的，市場中的參與者會採取不同的辦法和手段，有時甚至不惜跨越道德、法律和市場規律的底線，推動牛市的形成和持續。

還有一些做多者，最初做多的目的就是推高股價，誘惑無知的投資者上當。根據筆者在全球資本市場對散戶的研究，散戶在牛市裡的表現，相對於大盤表現而言，比在熊市裡的還要差。這裡面的一個重要原因，固然是散戶在牛市中情緒高漲，更容易犯錯，但另外一個原因，就是很多企業和機構投資者利用牛市裡高漲的人氣，更積極地「惡意」推高股價，讓散戶成為「人造牛市」的擊鼓傳花接最後一棒的可憐蟲和倒霉鬼。

由此可見，**股價下跌可能會創造長期的投資機會，而股價上漲可能是為今後的暴跌和危機埋下伏筆**。正如海耶克（Friedrich August von Hayek）所說：「通往地獄之路，往往是由美好的願望鋪成的」，通往危機之路，又何嘗不是由對牛市的憧憬、追求和執著導致的呢？市場漲跌，本有自己的規律，無所謂好壞。導致市場漲跌的做多和做空的判斷，又何來善惡之分呢？

投資者在市場上對「惡意」做空者口誅筆伐之際，對「做多者」鼓舞打氣的時候，是否考慮過潛在的「惡意」做多者對市場、經濟和投資者投資收益可能產生的風險與影響呢？因此，當散戶盲目追求短期投資績效，

希望監管者推出有利股市短期上漲的政策時，一定要避免讓自己變成泡沫崩盤時損失巨大的犧牲品。

放水：寬鬆的貨幣政策

在意識到監管層放鬆監管要求，推動市場短期上漲並不一定有利時，散戶可能會想到另一種他們非常喜歡的刺激股市上漲的監管手段——放水。所謂「放水」，比較專業的說法是邊際上的流動性寬鬆，也就是輸送更多資金進入股市。央行降息、降準、逆回購、「酸辣粉」、*「麻辣粉」**等寬鬆手段，一直都是很多散戶期待的監管朋友，尤其是在經濟增速放緩和股市乏力的時候。

從這個意義上來講，全球投資者最好的朋友，至少是一段時間裡最好的朋友，是美國聯準會前主席艾倫·葛林斯潘（Alan Greenspan）。葛林斯潘在擔任聯準會主席的時候，作為全球流動性的看門人，不吝採用積極的貨幣政策，推動美國股市和房地產市場上漲。葛林斯潘因此在過去二十年曾獲得廣泛讚譽，被認為是人類有史以來最出色的中央銀行家。

然而，在1998-2000年網際網路泡沫和2007-2008年全球金融海嘯之後，有越來越多的政策制定者、學者、

---

* 常備借貸便利（SLF），即美聯儲的貼現窗口。是中國人民銀行正常的流動性供給管道，主要功能是滿足金融機構期限較長的大額流動性需求，對象主要為政策性銀行和全國性商業銀行。

* 中期借貸便利（MLF）。金融機構提供優質債券作為合格質押品，由中國央行提供資金，以調節金融機構中期融資的成本，支持相關機構提供低成本貸款，目的在於間接降低社會融資成本。

從業者，開始對葛林斯潘任職聯準會期間的貨幣政策，提出越來越多、也越來越尖銳的批評，認為正是他在任期間的寬鬆貨幣政策和幾乎毫無保留地支持股市上漲和樓市上漲的態度，導致了全球資產價格泡沫化，由此引發市場大跌和金融危機。

　　諾貝爾經濟學獎得主保羅・克魯曼（Paul Krugman）教授，更在自己於《紐約時報》開設的專欄裡，公開批評葛林斯潘為「有史以來最差的中央銀行行長」。克魯曼認為，葛林斯潘要對美國、乃至全球的資產泡沫和之後的金融危機負責，批評葛林斯潘對於推高資產價格有一種特別的熱情，而未能對資產價格的大規模持續上漲給予足夠關注；批評他認為通膨只是CPI（消費者物價指數），而無視資產價格的變化；批評他在網際網路泡沫即將見頂的時候，雖然意識到了風險的累積，但是拒絕採用收緊貨幣供應或增加證券交易槓桿保證金的方式，阻止股價的迅速上漲和泡沫化；批評他對於金融創新無節制的支持和對金融監管標準的不斷放鬆。

　　正如克魯曼在專欄中指出的，葛林斯潘雖然在自己的任期達到了自己的政策目標，但是讓繼任者在金融危機中本來就很困難的工作變得更加艱難。作為監管者，葛林斯潘應該可以及早認識到，自己所說的「非理性繁榮」是建立在非理性的基礎上，因此不可能永遠繁榮下去。**透過美國過去二十多年的經歷，希望各位散戶朋友能夠清醒地意識到，即使是放水這種監管者可以推動的刺激手段，也並非沒有代價，並不能保證投資者收益會提升。**

監管導致的牛短熊長

　　一個困擾幾乎中國A股市場所有散戶的現象，就是中國A股市場的牛短熊長。反觀中國過去三十多年資本市場發展的歷史，雖然中國經濟在同期一直穩定增長，企業的盈利水平也不斷提升，但是中國A股市場的牛市，好像總是持續不了多久，而散戶不得不在漫漫熊市中療傷，期盼和下一次牛市的不期而遇。

　　牛市上漲過快，不得不說和中國市場基本面信息的不明確，和對傳統金融投資理論的藐視有關。估值高、盈利低、風險高的股票屢創新高，而且絲毫沒有任何調整的跡象，而估值便宜、盈利高、風險相對可控的股票，卻往往遭到市場的冷落和忽視。西方市場所謂的「價值投資」理論體系，無外乎強調投資既取決於公司的資質，也取決於股票的估值水平：好的公司並不一定是好的投資選擇，壞的企業也不一定是壞的投資選擇，關鍵在於投資者投資股票時的股票價格，相對風險而言是否足夠便宜。

　　與此類似，好的市場並不一定需要好的經濟，壞的經濟也未必帶來壞的市場，關鍵在於市場的預期。牛市之所以成為牛市，泡沫之所以成為泡沫，很大程度上就是因為投資者的預期有很大自我實現的成分。只要投資者認為市場可以上漲，市場自然而然就會上漲，完全不需要所謂基本面的支撐。隨著市場上漲，很多之前對上漲心存懷疑或者不以為然的投資者，也不得不在現實面

前承認自己之前的誤判，轉而加入看多者的行列。更妙的是，很多原先持懷疑態度的投資者，尤其是中小散戶，為了能夠「趕上市場的腳步」，往往在市場見頂、泡沫即將破裂的時候，才終於在市場行情的感召下，鼓足勇氣殺進市場。結果，當然無外乎最終接下了最後一棒，不但自己虧得丟盔卸甲，而且在下一個漫長的熊市裡，會把這些虧錢的籌碼一直持有下去，從而很遺憾地錯過了下一次的「短牛」和「快牛」。

必須指出的是，投資者這種「追漲」的投資理念，不但有其合理性，並且非常適合中國的國情和中國的資本市場發展。中國A股市場上市過程中的審批制造成上市公司供給數量受到人為控制，以致投資者對於市場行情的冷暖一直給予高度關注。而發行審批過程中的要求，又導致預上市公司在上市的豐厚利益驅動下，透過使用富有創意的財務手段，千方百計達到上市目的。

由於信息披露要求的不完備、退市制度的缺失，以及對證券欺詐、操縱相關的違法行為的打擊不力和處罰力度有限，無論是機構投資者、還是廣大散戶，都對中國上市公司的基本面缺乏瞭解和信心。這些直接導致股價漲跌不可避免地成為很多投資者，甚至包括很多機構投資者，挑選股票的一個重要、甚至唯一的標準。如果大家都對一個可持續的牛市沒有信心，那麼「今朝有酒今朝醉」的短期投機理念，不但非常合理，而且非常理性。

但是，這並不意味著，中國的散戶不應該為股市的狂熱和「牛短熊長」負責。由於缺乏投資經驗和基本的

金融素養，中國散戶的追漲心態特別強烈。一方面，廣大散戶看到別人賺錢，心急上火，恨不得自己馬上也能滿倉獲利。另一方面，即便是賺錢的投資者，也有不少覬覦其他人比自己賺得多，因而選擇在風險不斷增大的環境裡，不僅不管控風險，反而購入那些漲幅已經偏大、風險已經偏高的股票。投資者眼中只有收益，完全無視金融原則和市場風險，也對中國市場的「牛短熊長」負有不可推卸的責任。

遺憾的是，在這種投資者和監管層的博弈之中，監管者總是抱著呵護市場和保護投資者的心態，而投資者又清清楚楚地看到和利用監管者不願看到市場大跌和投資者受損的下場，結果往往就只能是越來越強的投機心理，和越來越緊湊的牛市節奏。

投資者保護，還是投資者教育？

無論是長牛還是短牛，中國A股市場的散戶好像不會對市場上漲和投資收益表示不滿，也從來不會對市場上漲過快表示不安。每當市場暴漲的時候，所有投資者都因為在短期能夠發大財而歡欣鼓舞，並相信這個趨勢會長久持續下去。遺憾的是，投資者總是不能夠認識到，**在市場暴漲背後，可能存在市場暴跌的風險和損失。**

中國A股市場的特殊情況在於，中國證監會從一定意義上確實負有保持資本市場穩定和促進資本市場發展的責任。從這個意義來講，很多中國投資者認為，保證穩定就是保證市場的穩定和上漲，保護投資者就是保護

投資者不受損失。由於很多散戶認為，自己是因為證監會的認證和擔保才參與股市和投資的，認為監管者是自己的朋友，自己才參與投資，所以會對自己的投資決策越發不負責任。這種不負責任的態度，其實最終會直接導致投資者的投資蒙受巨大的損失。等到那個時候，投資者又會想起證監會對於自己的投資行為或明或暗引導，因此決定到證監會門前討個說法，希望監管者成為自己更好的朋友，祭出更強勁的刺激政策。

其實，很多其他證券市場監管機構的職責只有一點，那就是保證市場上的信息披露公平、公開、公正。市場上的所有投資者，都受到同樣的證券法同樣的保護。任何額外希望保護投資者的意願或做法，都可能扭曲整個資本市場對於風險的評判和訂價。更糟糕的是，一旦投資者、尤其是中國的廣大散戶投資者，感覺到政府和監管層會有意識地希望支持市場，那麼投資者就更會有恃無恐地進行非常大量不負責任的高風險投資。由於中國沒有合法的賭博方式，因此有些人認為，中國資本市場會成為中國投資者發揮賭性唯一也是最好的途徑。這一定程度上解釋了為什麼中國的A股市場，一直處於一種高波動性、低回報的狀態。而由於監管機構對於市場提供的隱性擔保，使得投資者對於投資，持有一種比其他市場投資者更加不負責任的態度。

恰恰是由於政府和證監會對A股市場提供的這種隱形擔保，導致中國廣大散戶盲目地參與股市，因此在中國A股市場投資過程中蒙受了巨大損失。根據2016年的

一項市場調查，中國居民家庭75％以上的資產，投資於銀行發售的金融資產（包括銀行存款和現金），只有很少一部分（8％）投資於中國的A股市場。這反映出廣大中國家庭在2008年股市大跌之後，對於中國A股市場缺乏信任，也喪失了興趣。

　　即使在8％選擇參與中國A股市場的中國居民家庭裡（這些投資者將15％左右的金融資產投資於中國A股市場），只有20％的投資者在過去五年獲得了正的投資收益，而剩餘80％的投資者都在A股市場投資中蒙受了不同程度的損失。

　　這意味著，那80％蒙受投資損失的投資者，還不如把錢投到銀行存款或貨幣市場基金。由此可見，中國證監會這種保護投資者的良好初衷和用心，反而導致投資者認為投資是一項不需要學習，也不需要技能的活動。

　　同一項調查表明，一半以上的中國A股市場投資者，沒有接受過大學或更高等的教育。從這個意義來看，我們發現中國的證券監管機構的好心很可能辦了壞事，助推市場走向一個自己不希望看到的方向。在政府和監管層的「保護」之下，更多沒有相應投資能力和金融素養的中國居民與投資者，選擇在中國A股市場上更積極地進行投機，並且因此蒙受了更大的損失。

　　恰恰是因為監管機構對於市場過度關心、支持和隱形擔保，使得很多散戶錯誤地認為，只要有政府的支持，只要有監管層作為自己的朋友，自己不需要任何投資經驗和理念，也可以在資本市場賺得盆滿缽滿。這解

釋了為什麼在中國股市投資者中，大量投資者都缺乏最基本的經濟金融知識和投資素養。由此可見，中國A股市場監管者目前所實行的保護投資者的監管體系，並未有效推動中國資本市場的發展，也沒有達到促進中國投資者成熟和保護中國中小投資者的目的。中國市場真正最需要的，並不是監管層不能兌現的承諾，而是散戶對於投資更深入的瞭解，以及對於風險更清楚的認識。

05

行為金融學：
投資者的朋友

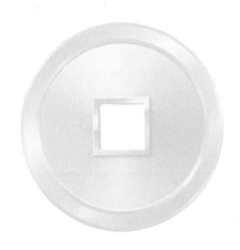

行為金融學以心理學為基礎，透過對不同投資者行為的研究，洞
悉資本市場和公司的運作。投資者不僅要瞭解人類的行為偏誤和
系統性錯誤，還要瞭解它們如何影響每個人的投資決定、投資
績效，整個金融市場，甚至全球金融體系的有效性和穩定性。

請大家看一下下圖中的兩張板凳，哪張板凳更長一些？

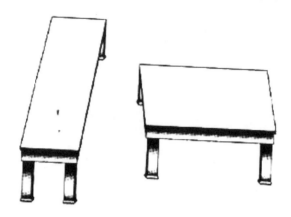

投資者的朋友

請大家看一下下圖中的兩條白色粗線，哪一條更長一些？

以上兩個問題的正確答案都是：一樣長。對於第一個問題，之前如果沒有見過這張圖，大概很少有人會覺得這兩張板凳是一樣長的，都會覺得左邊的板凳更長一

些。直到讀者拿起尺來測量，才不得不承認，這兩張板
凳確實一樣長。

　　大家知道，金融學是一個相對年輕的學科，而心理
學卻是一門相對古老的社會科學，已經有150年的歷史。
心理學的一個主要研究方法，就是透過大量在實驗室或
真實生活中開展的實驗，瞭解人類思維和決策的過程。

　　第一張圖，就是心理學家羅傑・謝潑德（Roger
Shepard）在1990年做的一個實驗中畫的。中國有句老
話，叫作「耳聽為虛，眼見為實。」直到做了這個小實
驗，很多人才意識到，眼見其實也未必為實。在人類認
知世界的過程中，我們看到的東西和真實的世界之間也
可能是有差距的。

　　在看第二張圖的時候，大家學乖了。雖然大多數讀
者覺得眼裡看到的兩條線並不一樣長，但是大家大多意
識到，自己是受到了平時學到的「近大遠小」的原理
影響。人們之所以覺得兩條線不一樣長，主要是由它
們在平面上的透視關係決定的。也就是說，視覺給人
的第一感和理性給人的第二感，兩者得出的結論顯然
很不一樣。根據對行為經濟學做出重大貢獻，因而獲
得諾貝爾經濟學獎的心理學家丹尼爾・康納曼（Daniel
Kahneman）的說法，人類的思考有「快」與「慢」之
分。快思考，是感官直接給我們的思考，而慢思考則反
映了理性和邏輯的思考。這兩種思考方式在很多時候，
會給人們帶來不同的影響。通常，我們第一眼得到的印
象來自快思考，是動物的本能告訴我們看到的是什麼東

西。第二種思考，即慢思考，是當你的視覺神經把你看到的東西傳給大腦，大腦進行飛快思考後，意識到出現了「近大遠小」的誤區，這時大腦會引導你調整對於看到的東西的結論。

　　再舉一個例子，上圖是荷蘭一位非常有名的版畫家艾雪（Maurits Cornelis Escher）的作品《瀑布》（*Waterfall*），他畫了一系列有這種視覺效果的版畫作品。這幅畫大家往往在看了5～10秒後，會突然意識到好像有什麼不對勁。理論上，人往高處走，水往低處流，但蹊蹺之處在於：這幅畫裡的流水周而復始地在高處和低處之間循環。艾雪利用水的高度變化和透視，在高度與遠近之間對於人類視覺的影響，和觀眾開了一個不大不小的玩笑。這幅畫的立意有點像歐洲歷史上非常有名的一個想法，一個使得無數歐洲人傾盡一生的時間、精力和財力

想發明的東西——永動機，一部一旦開動了就永遠不會停下來的萬能機器。大家設想，如果我們在這幅畫裡設一個水電站，那就完全可以既不汙染環境，也不破壞生態，一勞永逸地獲取能源了。

下列這張圖，把《瀑布》畫作中關於高度和遠近的透視關係刻畫得更清晰了一些，可能會讓大家有點吃驚。大家看到有一個方塊上寫的是 A，另一塊上寫的是 B，這次不是比哪個長，而是請大家看一下，這張圖上寫有 A 字樣的方塊和寫有 B 字樣的方塊，哪個方塊的顏色更深一些？

大部分的讀者都會覺得這個問題非常無厘頭、顯而易見，寫有 A 字樣的方塊幾乎是黑色的，而寫有 B 字樣的方塊幾乎是白色的，根本無須比較。

但是，正確答案是：兩個方塊的顏色深度是一樣的。為了說服自己，最可靠的方法是把這兩個方塊從書

頁上剪下來，進行比較。為了不破壞本書的完整性，筆者給大家提供了下列這張圖，以供參證。

投資者的朋友

雖然形式不同，但上述的幾個例子都傳達了同一訊息，那就是我們的視覺和基於直覺的判斷有時候是不可靠的。除了視覺之外，「耳聽為虛」的聽覺，還不如視覺可靠。至於觸覺，中國歷史上曾經有過著名的盲人摸象的典故，反映了觸覺的片面性。嗅覺和味覺雖然可能比視覺、聽覺、觸覺更準確或更可靠一些，但好像跟投資沒有太大的關係。

假如我們最基本的感覺都不可靠，那我們是否應該對自己的決策能力，尤其在複雜投資環境中的決策能力，畫個問號呢？如果我們對擺在眼前的兩張板凳的長短、兩條直線的長短的判斷都沒有十足的信心，那我們對自己從未訪問過、沒有第一手調查資料的上市公司的

營運狀況，是不是至少也該畫上一個更大的問號呢？在做投資決定的時候，是不是應該變得更加審慎呢？

　　請盯著下列這張圖看5～10秒，請大家告訴我，你看到了什麼？

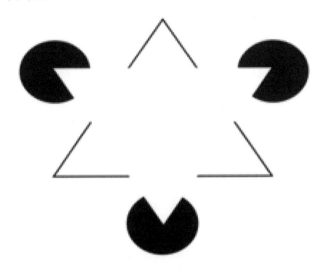

　　大家都注意到三個不完整的圓形、三個不完整的三角形，但是除此之外，大多數的讀者還看到了一個很大的白色倒三角形。雖然在圖畫中沒有任何邊界來界定這個倒三角形，但是很多人在看過這張圖後，印象最深的就是這個倒三角形。為什麼？因為我們的大腦會進行聯想，會「看到」很多視覺根本看不到的東西，甚至能夠「看到」一些根本不存在的東西。

　　這是一個視覺上的幻覺，引申一下，大家可以據此回顧自己的投資過程。我們每天讀書、看新聞、上網和朋友聊天，會獲取大量的訊息，但是這些訊息是不是真正可以幫助我們更加瞭解經濟、瞭解資本市場、瞭解自

己要買的或者已經買了的股票呢？有些資訊可以，有些資訊不可以。譬如，我們能夠瞭解公司高管的管理風格，就有可能影響對一家公司的投資價值判斷。但如果我們透過小道消息瞭解了公司高管寵物的名稱，那麼這對我們判斷這家公司的投資價值可能就毫無意義。

投資的難點，在於投資者事先很難判斷哪些資訊對投資真正有幫助。透過上述這些例子，筆者希望大家能夠意識到，我們會在視覺上產生幻覺，「看到」或相信很多根本不存在的東西。因此，在做決策、包括做投資決策的過程中，也會犯類似的錯誤，相信一些根本就不存在的事物和信息。

最後，我們來看下列這張圖。請大家盯著這張圖看5～10秒，然後告訴我，你看到了什麼？

有的人看到了一隻兔子，有的人看到了一隻鴨子，更多的人一會兒看到了一隻兔子，一會兒看到了一隻鴨

子。當然,這張圖出自心理學家和藝術家的精心製作,大家可能也猜到了筆者給大家看這張圖的目的。

面對同一個事物,我們因為角度不同、情緒不同、身體狀況不同(眼部肌肉疲勞等),完全有可能看到兩個不同的東西,或是產生完全不同的解讀。更有意思的是,面對同一個事物,我們有可能在不同的時間,持有完全不同的看法。

人們在買股票的時候,今天覺得是一支非常差的股票,到明天可能就會覺得是一個非常好的投資機會,因為採取的評價方法不同,在不同的時間我們對同一個事物會得出截然不同或完全相反的結論。

認識行為金融學,瞭解自身盲點與偏誤

在看過了前文幾張圖之後,想必大家已經開始相信,我們在決策過程中會做出很多連自己都無法想像的決定。這正是心理學有趣的地方,也是為什麼心理學在過去數十年顛覆性地改變了經濟學家和金融學家的思考方式。行為金融學,正是以心理學為基礎,透過對不同投資者行為的研究,以便更好地理解資本市場和公司金融的運作。

行為金融是金融學領域一個年輕的子領域,到目前為止,只有短短數十年的歷史。正是因為過去三十多年間,隨著資訊科技的發展和全球金融體系的變化,越來越多的現實問題無法被傳統新古典經濟學和基於市場有效假說的傳統經濟金融理論解釋,行為金融學才取得了

巨大的發展。在過去三、四十年間，行為金融學逐漸從金融領域的異端，發展成為現代金融理論的一個主要流派。美國經濟學家弗農·史密斯（Vernon L. Smith）和丹尼爾·康納曼因為對行為經濟學的貢獻，在2002年獲得諾貝爾經濟學獎。最近有一位著名的行為金融領域的學者說，他覺得行為金融學發展到今天已經非常成功，在現代金融學領域已經不再有明顯的行為金融和非行為金融的劃分。心理學的影響和行為金融理論的發展，已經不再只被局限在行為金融這個領域；相反地，金融的各個領域，都已經開始潛移默化地接受並使用行為金融的理念進行思考。

　　在看過了前面幾張圖之後，讓我們繼續對人類行為進行有趣的討論。這次，我們會更多用一些和日常生活有關的案例。

　　第一個問題：設想自己和一大群人在同一個教室裡，請大家運用自己所有的知識和理解，判斷自己的駕駛技能在這一大群人中的相對水準。當然，你可能對其他人的駕駛技能不完全瞭解，甚至對自己的駕駛技能也不完全瞭解，這正是這個實驗的目的所在：請大家在對情況不完全瞭解之下進行判斷。為了簡化決定過程，筆者給大家提供了五個選項：

☐ 我的駕駛技能是最好的20%（80%～100%）；
☐ 我的駕駛技能是較好的20%（60%～80%）；
☐ 我的駕駛技能是中等的20%（40%～60%）；

☐ 我的駕駛技能是較差的20%（20%～40%）；

☐ 我的駕駛技能是最差的20%（0～20%）。

在一次課堂實驗中，作者一共收回了51份問卷，裡面有16位認為他們是最好的20%，有16位認為他們是比較好的20%，有11位認為他們是中間的20%，有5位認為自己是較差的20%，有三位認為自己是最差的20%，這三位裡面有兩位說他們不開車。在這51位同學裡，有32位認為自己高於平均水準，一共有8位（包括兩位不會開車的）認為自己的技能低於平均水準。

筆者在美國加州大學多年任教的經歷中，曾經多次重複這個實驗，曾經只有一個學生認為自己的駕駛技能是所有學生中最差的。下課的時候，筆者問這個學生為什麼覺得自己的駕駛技能最差？他回答得很坦白，因為他在過去六個月裡曾經拿過兩次罰單、出過兩次交通事故。也就是說，需要這麼多的負面信息，才能說服一個人承認自己的駕駛技能是比較差的。這一點可能在各種文化、各個國家之間的表現稍許不同。確實，在中國接受調查的人表現出過度自信的傾向，並不如美國調查出來的那麼強烈。但是，無論美國、還是中國，接受調查的人群都會表現出過度自信的趨勢。

這類實驗是心理學和行為金融學在過去幾十年做得最多的研究之一，只要是問一個人關於自己的定位，無論是他的智力水平、考試成績、相貌、個人價值，還是他騎自行車的技巧水準，我們基本上會得到同樣的結

果，就是遠遠超過一半的人認為自己的水平超過平均水平。根據美國社會學家的調查，美國有大概15％的人覺得自己的收入是全美收入最高的1％；由此可見，過度自信現象，在生活中普遍存在。

很多讀者可能會說，實驗參與者在回答問題時面臨嚴重的信息不充分。首先，每個人對自己的駕駛水平，未必有一個準確的估計。其次，在幾乎不瞭解其他參與者的情況下，他們必須估計出和其他人相比，自己的駕駛水平是高還是低。

不錯，這正是實驗的難點所在，也正是實驗的目的所在：讓人們在不準確瞭解自己和他人的情況的前提下，對自己和別人的相對能力進行評價。這一點，和投資者在股市中進行投資時必須考慮的問題，其實有類似之處。投資者必須考慮自己和其他投資人相比，在信息的準確性和投資能力方面的高下。大家會說，有時過度自信沒什麼不好。比如創業時，公司高管必須有非常強的自信心，把自己想到的一切想法執行下去。但是，不要忘記，過猶不及，投資者如果對自己太過自信，就該成為心理學和行為金融學的研究對象了。為什麼討論這個？其實，歸根結底，還是要反映投資市場的行為和架構。

第二個問題：你的基金經理人過去三年的績效是：−1.3％、−0.6％、−1.5％，那麼今年你會選擇增加基金投資、減少基金投資，還是不做調整？

大部分參與者（往往有1/2到2/3的參與者），會選擇減少在這檔基金上的投資。剩下的參與者有絕大部分

（80％～90％），會選擇不改變在這檔基金上的現有投資。只有大概不到10％的參與者，會選擇增加在這檔基金上的投資。

在不同的實驗環境中，心理學家曾經嘗試改變不同的基金收益分布。但只要績效是低於零的，也就是說這檔基金在過去三年是虧損的，那麼實驗參與者的回答都大同小異。與此相反，如果把過去三年基金的績效改為正收益，也就是說基金在過去三年是贏利的，例如，我們告訴實驗參與者：「你的基金經理人過去三年的績效是：1.3％、0.6％、1.5％」，那麼參與者的反應會完全反轉過來。大家往往會選擇增加對這支基金的投資，很少人會選擇減少投資。

類似的實驗在全球各個不同的資本市場和市場環境（大熊市或大牛市）中，面對不同年齡層的投資族群，都重複過很多次，研究者得到的結果也大同小異。

看來一支基金的歷史業績，對於投資者的投資決定，發揮了舉足輕重的影響。在考慮歷史績效的時候，投資者好像完全忘記了拿這支基金和其他基金相比，或者和整個市場的大市表現相比，也忘記了考慮基金經理人是否有足夠的經驗和投資理念，基金在獲得歷史收益的同時是否承擔了太多風險等這些對於預測基金收益可能更有幫助的資訊。

這也是為什麼我們會在第10章有關基金投資的章節裡，特別討論該考慮什麼因素、什麼訊息來決定是否購買某檔基金。什麼因素會幫助我們進行基金投資？投資

者是該增加、減少，還是維持現有的投資？我們會在第10章討論基金投資挑戰的時候，深入分析歷史業績對投資者選擇基金所產生的巨大影響，雖然這種影響並不能有效地幫助投資者提升收益。

第三個問題：請先寫下自己的身分證號碼的最後兩位數字，然後再請大家猜一猜非洲一共有多少個國家或地區。我們把實驗參與者分成兩組：把身分證號碼後兩位大於等於50的分成一組，小於50的分成另一組。我們發現，小於50的這一組平均猜測的是有42個國家或地區，而50以上的平均猜測非洲有52個國家或地區。與筆者預先猜想的一樣，統計結果果然顯著不同。為什麼要做這個實驗？

早年也曾有過一個類似的心理學實驗，測試者曾向兩組受試者問過同樣的問題。一組人先去看MLB（美國職棒大聯盟）比賽，一組人先去看NBA（美國職籃）比賽，看完兩種比賽之後，這些人要回答同樣的問題，即非洲有多少個國家或地區。結果，看了棒球比賽的人猜測的非洲國家或地區的平均數目，要遠遠小於看了籃球比賽的人猜測的非洲國家或地區數目。

心理學家選擇的是大致上類似的兩組參與實驗的人，如果只是簡單隨機抽樣並回答問題，那麼這兩組人的猜測和答案應該是差不多的，那麼為什麼這兩組實驗參與者的答案會有這麼大的不同？關鍵在於：他們在回答問題之前看的兩種不同運動的比賽。喜愛運動的朋友們知道，NBA比賽一場打多少分？少則60分，多則100

多分。棒球賽一場比賽得分一般都是個位數，能達到十幾分就是鳳毛麟角了。參加實驗的人在看各種體育比賽的時候，不知不覺受到比賽環境的影響。之前在一個數字比較大的環境裡的實驗參與者，更有可能猜測一個比較大的數字，而之前在一個數字比較小的環境裡的實驗參與者，更有可能猜測一個比較小的數字。由此可見，在回答問題或做決策的時候，個人所處的環境和思路，可能會導致判斷和決策非常不同。這個實驗這麼有戲劇性，以至於很多參加實驗的人在瞭解實驗結果後都不敢相信，自己的判斷原來這麼容易受環境影響。**心理學家經過長期反覆地在各個國家、各種不同環境中做實驗，終於使越來越多的人認同，環境對於決策發揮了潛移默化、但威力巨大的作用。**

我們再做一個實驗，選取三組不同的實驗參與者各回答一個問題。這三組實驗參與者拿到的問題不完全一致。

A組拿到的問題是：你的朋友送給你一張價值200元的演出票券、一只價值200元的花瓶，你的口袋裡還有200元的現金。到達劇場後，你發現，你在路上丟了你的演出票券。幸好劇場門口就有黃牛賣二手票，二手票的位置和你原來那張票的位置非常接近。黃牛賣的價格是200元，你也付得起。請設想：你是否會從黃牛那兒購買一張200元的票繼續看演出？

B組拿到的問題幾乎是一樣的：你的朋友送了你一張價值200元的演出票券、一只價值200元的花瓶，你的口袋裡還有200元的現金。到達劇場後，你發現，你在路

上丟了200元現金。請設想：你是否會繼續觀看演出？

C組拿到的問題是：你的朋友送了你一張價值200元的演出票券、一只價值200元的花瓶，你的口袋裡還有200元的現金。到達劇場的時候，你突然不小心打碎了花瓶。請設想：你是否會繼續觀看演出？

基於三個不同的假設環境，A組的20個同學裡面有13個說，他們還會繼續觀看演出，有7個說他們會選擇不買黃牛票，不看演出。B組的15個當中有14個人說會繼續觀看演出，有一個人說不去。C組的14個人沒有受到任何影響，都說會繼續觀看演出。筆者希望用這個問題傳達什麼信息呢？我們對於貨幣的價值是一個理解，對於貨幣採取一種什麼形式表現出來，是另外一個理解。雖然這張演出票券價值200元，而且你可以到黃牛那裡再買一張票，但是丟了票和丟了現金對你的影響是非常不同的。接下來，我們會討論投資者在進行決策的過程中，不僅要關注風險和收益，還要知道風險和收益是在什麼樣的思維和邏輯框架中出現的。

筆者想用上述幾個實驗，給大家一些直觀的體驗，幫助大家瞭解心理學的研究過程和有趣之處。透過上述這幾個實驗，大家可能對自己決策的科學性和決策過程中所面臨的偏誤與挑戰，逐漸有了比較清晰的理解。

心理學或行為金融學用實驗室或實地調查的方式，研究人們決策的過程。由於問卷和實驗室實驗的研究方式，看起來不如在化學實驗室或等離子加速器實驗室裡的實驗有科學性，心理學、尤其是社會心理學，在很長

一段時間都不被認為是嚴肅的學科，其研究和結論只是晚宴上討論的一些有趣話題，對自然科學和其他社會科學的影響也有限。

隨著科學技術的進步，心理學家也在逐步彌補這種研究方法論上的缺陷。在比較發達的心理學實驗室裡，出現了一些很有趣的研究方法。而今越來越多的心理學實驗，已經不再只是讓你回答問題了，而是在你回答問題的時候，對你大腦處理信息的部位進行跟蹤和觀察。在現代醫學裡逐漸被廣泛應用的磁振造影（MRI），也越來越多地被應用到心理學的研究領域。比如，讓你去吃冰淇淋，同時對你的大腦進行掃描，研究大腦的哪個部分會興奮。同時，研究人在投資賺錢和賠錢的時候，大腦的哪個部分會興奮。透過這樣的客觀研究方法，心理學也在對我們大腦的生理活動進行科學分析。

科學技術的進步，確實幫助心理學家發現了很多有趣的現象。史丹佛大學的兩位心理學家就採用磁振造影技術，透過掃描投資者在投資過程中大腦的活動，得出了一個非常有趣的結論。他們發現，交易員在進行交易的時候，大腦裡最興奮的部分和精神分裂症患者在發病的時候興奮的部分非常接近。他們論文的核心就是：精神分裂症患者也許可以成為最好的投資交易員。撇開這兩種人群的技能和訓練上的差異不說，不少讀者包括專業投資人士，都對這項發現很感興趣，甚至有不少專業交易員對這項研究發現非常信服。

如何解釋這個現象呢？許多社會科學，包括心理

學、經濟學和金融學,都是解釋學科,也就是說科學家必須在發現的基礎上,對現象提出合理的解釋。我們往往發現了一個現象,但是很難百分之百說出這個現象的原因。正是因為大家可以對同一個發現提出不同的解釋,心理學和行為經濟學在早些年,一直沒能對某些重大發現達成一致的結論,這也是為什麼心理學和行為金融學沒能對其他領域產生更大的影響。

這兩位心理學家對他們的發現,提出了一種很有說服力的解釋。他們認為,交易員在交易時,大腦裡最興奮的那些部分,其實掌管著大腦對風險的判斷。他們表示,投資牽涉風險的判斷和承受能力。一個好的交易員最重要的特質就是鎮定,虧了或賺了100萬美元,好像跟他沒有關係一樣。只有具備這種對風險舉重若輕的態度,才有可能幫助交易員在不同的市場環境裡,對風險和收益的匹配擁有準確的瞭解和判斷。不少成功的交易員都承認,只有克服了對金錢和名譽的追逐,才有可能成為一個好的交易員,才有可能賺到更多的錢。

透過本章分享的有趣實驗,我們認識到人類行為中的這些傾向和偏誤。下一步,我們就要把這些傾向和偏誤,與投資者的投資決策結合起來,讓大家更清楚意識到投資者在投資過程中容易犯下的錯誤。

不僅散戶在投資過程中,會犯這樣那樣的錯誤,甚至專業投資者、公司高管和CEO、政府官員,也會在和經濟金融有關的決策過程中表現出不理性的一面。在第6章,筆者會和大家分享更多關於人類行為的一些分析和

成果，以及人類的這些基本行為會對投資者、尤其是散戶的理念和操作產生什麼樣的影響。

透過這些研究，筆者想讓大家理解，我們不僅要瞭解人類的行為有偏誤，或者有系統性的錯誤，還要瞭解這些錯誤怎麼影響我們每個人的投資決定和投資績效，影響整個金融市場、甚至全球金融體系的有效性和穩定性。

正是因為行為偏誤和動物精神的普遍性，我們才應該特別關注和行為經濟、行為金融有關的話題，因為我們親身經歷的股市波動、投資收益、房價居高不下、通貨膨脹、民間借貸，以及下一階段的經濟發展的許多問題，都和不同決策者制定的經濟金融決策息息相關。

在接下來幾章，會和大家分別討論不同的行為偏誤，對於投資者行為和投資績效的影響，以及如何防範和減少這些行為偏誤對散戶投資決策和投資績效的影響。

06
把握交易節奏

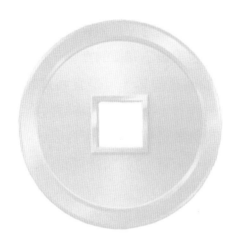

在扣除交易費用之前,交易頻繁的投資者的收益水平就已經很低,其最終收益水平會更低。因此,無論以換手率作為標準,還是以平均持股時間作為標準,我們都能發現一個非常明顯的趨勢,即換手率非常高或持股時間非常短的投資者,績效會比較差。

頻繁交易侵蝕績效

　　散戶的表現為什麼不盡如人意呢？在接下來的幾章，我們會逐步討論散戶投資失敗的原因。其實，讓很多散戶意想不到的是，正是自己掌握的信息有限，才造成了投資損失。

　　但是投資者，尤其是散戶，要想獲得完整、準確的信息是非常難的。下列給大家講一些資本市場的實證性研究，以便瞭解投資者是如何做出錯誤決定的。筆者和加州大學的兩個同事做過一系列有代表性的研究，與中國國內的合作者也重複了同樣的實驗，獲得了相同的結果。我們的實驗非常簡單，但是直到實驗結果出來之前，大家對於投資者、特別是散戶投資者有什麼樣的投資能力，以及投資者交易頻率是否合理這兩個問題仍存在很大爭議。現在來看，我們的研究成果，已經讓這兩個問題的答案非常清楚了。

　　筆者的一位合作者特倫斯・奧迪恩（Terrance Odean）教授是一位傳奇人物。他42歲大學畢業，46歲博士畢業，他說當時他去哈佛大學面試，在宣講自己的研究前（在美國，博士生畢業時，都要面對很多教授宣講自己的研究成果），哈佛的教授們原本以為他是一個毛頭小子，進來的卻是一個滿臉都是皺紋的小老頭。這個人很有意思，他從事過很多職業，在紐約開過兩年計程車，在德國學了多年德語，在舊金山交易所穿紅背心工作了多年，然後突然想繼續學習，於是開始攻讀博士。他在

讀博士之前，因為穿了很多年的紅背心，就想研究一下
散戶到底賺不賺錢這樣一個非常簡單的問題。很多在美
國讀博士的人，都是帶著一個很明確的研究問題攻讀博
士學位的。為了回答這個問題，他選擇了加州大學柏克
萊分校，因為加州大學柏克萊分校裡有一批行為經濟學
領域的頂級專家。

　　他於1996年博士畢業，當時46歲。從1996年到2007
年的這11年裡，他取得了一個教授在職業生涯裡能夠取
得的所有成就，從助理教授榮升終身教授，之後升為講
座教授，最終成為全美金融協會副主席，以及一本著名
金融雜誌的主編。從他身上，我們可以看到中美教育在
理念和對人的影響，以及對人的最終追求和人的滿足感
等方面，確實存在非常大的差異。

　　他是怎麼研究投資者行為的呢？首先，他要獲得投
資者行為的數據，那直接去交易所獲取不就行了？從中
國人的角度，可能會覺得這個問題很簡單，簡直不足掛
齒。但是，在美國這樣一個對個人隱私高度保護的國
度，想要獲得個人投資者的數據是非常困難的。筆者的
這位同事的成功之處就在於，他經過多年努力，從兩家
不同的券商那裡，拿到了跨度十年、十幾萬投資者的交
易數據。這是整個金融研究歷史上從來沒有人拿到過的
資料。而他是怎麼拿到這些數據的呢？當然，他有一些
個人魅力和自己的朋友圈子，但是他跟筆者說，關鍵在
於持之以恆。曾經有一部很感人的電影：《刺激1995》
（*The Shawshank Redemption*），描述一個年輕人因為冤獄

被關在牢裡，他總是寫信給圖書館要書，每年要，等快要出獄的時候，他收到了很多書。筆者的這位同事也是這樣，他每一、兩個月就會給美國最大的幾家券商寫信，說自己想要做關於個人投資者行為的研究，希望他們能夠提供相應的數據。突然有一天，他的願望實現了，拿到了這些數據。這也是經濟領域第一次取得大樣本的投資者行為數據，為他日後的行為金融研究奠定了基礎。

在對真實的投資者交易數據進行了分析之後，研究者發現，無論在國際資本市場，還是在中國A股市場，都有一個普遍的現象：**散戶的交易非常頻繁**。筆者想特別強調的一點是，與國際平均水平相比，中國散戶的交易顯得尤其頻繁。根據研究，美國散戶在二十年前，每年投資的換手率是80％～100％；目前中國散戶在基金投資時的換手率也高達70％～80％。也就是說，當下中國投資者交易基金的頻率，趕上了美國投資者在二十年前投資股票的交易頻率。事實上，美國散戶的交易頻率，在過去二十年裡持續大幅度下降。同時，中國散戶的股票投資換手率，達到每年500％～600％。在2007年大牛市的時候，甚至達到每年800％～900％。中國的機構投資者，主要是我們通常所說的公募基金，平均換手率也達到每年400％～500％。也就是說，基本上每個季度該基金所持有的所有股票，都會進行一次完整的換倉。

散戶的換手率如此之高，背後的原因是不大多元化的投資組合。在1990年代初期，每個美國散戶的投資組

合裡，平均持有四支不同的股票。在2010年左右，中國散戶平均持有三支不同的股票。如果將所有散戶按照持股個數進行分類，那麼占比最高的散戶群是持有兩支股票的。而接近30％的散戶，平均在任一時點只持有一支股票。這一、兩支股票的反覆交易，一定程度上造成了散戶的高換手率。

包括筆者在內的很多研究者發現，**散戶交易頻率和投資績效之間呈負相關。也就是說，交易越頻繁的投資者，投資績效越差**。這主要表現在下列兩個方面。

第一，這些交易頻繁的投資者，在扣除交易成本之前，其績效和其他投資者相比，並無任何優勢。

我們利用美國券商的數據，把所有投資者按照交易換手率的高低（從低到高排序）分成五類。我們發現，高換手率的投資者的平均收益，要低於低換手率的投資者獲得的收益。但是，這個差異相對比較小，統計上也不是特別顯著。這項發現表明，交易越頻繁的投資者，未必越有信息優勢，進而獲得更好的收益。

美國曾做過一項很有趣的研究。在美國曾經有一家規模很大的通信公司，叫作MCI，公司的股票代碼是MCIC。與此同時，美國資本市場裡有一支債券型基金（MCIF），它的股票代碼是MCI。研究者發現，每當MCI公司有好消息的時候，基金MCIF就漲價；每當MCI公司有壞消息的時候，MCIF就下跌。而MCIF這支基金的投資者主要都是散戶，而且債券型基金的漲跌，本不應與MCI公司的消息有任何關聯，因此研究者的結論是，

有很多散戶在購買MCIF（股票代碼MCI）的時候，誤以為自己購買的是MCI公司的股票。如此「愛屋及烏」、擺烏龍，原因是散戶對交易缺乏相應的知識和瞭解。這也是散戶在交易時完全忽略重要的基本面信息的一個有力例證。

在中國，這個現象更加明顯，結果也特別明顯。交易越頻繁的投資者，在扣除交易費用之前的收益水平就相對越低，投資績效也越差。因此，無論用投資的換手率作為標準，還是用平均的持股時間作為標準，我們都能發現一個非常明顯的趨勢：換手率非常高或持有時間非常短的投資者，績效是比較差的。平均持股時間在三個月以下的投資者的績效，明顯低於市場平均水平。但是，在持股平均時間為一、兩年的投資者中，我們確實也發現了一些例外，其中一些投資者有不錯的績效。這一定程度上是因為在2007年，有很多投資者開戶，那些在2007年入市而又能及時獲利出場的投資者，他們的績效則相對不錯。另一種解釋是，持股時間相對較短的投資者，因為比較自信，覺得自己是瞭解了某些訊息之後才去投資的，但結果買了股票之後，表現卻不盡如人意，於是就會很快斬倉出場。

整體從投資者的換手率和交易頻率來講，我們都看到交易越頻繁，對於投資者的績效越有負面影響。這就是我們說的，**如果投資者相對安分一點、淡定一點，就可能取得更好的績效。**

有趣的是，持有時間也並非越長越好。那些平均持

有時間超過兩年的投資者，其收益也非常低。這個結論對於行為金融學家來說也不算意外，因為行為金融學的研究表明，只有10％的投資者能夠透過長期持有獲得比較好的收益，其他的無論是持有時間非常長、還是非常短的投資者，績效都比較差。持有時間相對較長的投資者，往往是受到我們後面會提到的「處置效應」或稱「鴕鳥效應」的影響，即很多投資者不願關注和面對自己的虧損，不願賣出虧損的股票，於是這些股票在他們的投資組合裡逐漸沉澱下來，最終他們往往會持有很多長期都不賺錢的股票。這就是我們觀察到持股時間較長的投資者，其績效也相對較差的原因。

第二，交易較頻繁的投資者的淨收益（扣除交易費用之後），更是顯著低於交易頻率較低的投資者。

在1990年代，美國股市的交易成本相對較高，美國券商的單向交易佣金為2％左右，雙向就是4％。當然，隨著產業發展和競爭加劇，美國股市的交易成本已經大大降低。中國國內的佣金成本相對不高，所以這個問題好像不是那麼明顯，但是從概念上來講也是一樣的，因為投資者最後獲得的是扣除交易成本的淨收益，所以任何一筆交易，至少要賺到手續費，才能保證不會虧損。1990年代的美國股市，手續費約為4％，意味著散戶每一筆交易都必須賺4％才能保證獲利，而這個要求是相當高的。我們的研究也證實，在扣除佣金成本之後，交易最頻繁的散戶所獲得的淨收益，也恰恰是最低的。可見，頻繁交易的投資者，不但會因為交易資訊不夠可靠而導

致損失，而且交易成本也會侵蝕他們的收益。

　　在上述前提下，我們將探討下列三個問題。第一，為什麼散戶願意進行頻繁的交易？第二，在他們頻繁交易的背後，究竟有沒有很好的基本面信息，可以支撐如此頻繁的交易？第三，在交易頻率方面，散戶和機構投資者是否有所不同？在美國，有一些採取高頻交易策略的基金，其中有一家比較知名叫文藝復興（Renaissance Technologies），採用高頻或超高頻的交易方式，每天的換手率可能達到100％。在過去一段時間裡，它取得了非常高的投資績效。這裡我們想對比一下散戶和機構投資者，看看究竟兩者的交易動機和整體的交易頻率，對投資績效有何不同影響？

　　在這個基礎上，我們從美國相對長期的數據中發現，其實散戶中確實有一些民間的炒股英雄，有5％～10％的投資者，可以在相當長的時間裡實現比較持續的成功。除此之外，有一半以上的散戶的績效，跟市場大體持平，還有大概1/3的投資者的績效持續跑輸市場。這是對散戶整體交易績效的總結，由此可以看出，交易越是頻繁，投資績效和淨收益，就越不盡如人意。

換倉的代價

　　投資者為什麼會衝動呢？其中一個原因是，**人會有過度自信的傾向，這是全球各個領域普遍存在的一個現象**，而且與比較謙虛、謹慎的東方人相比，西方人過度自信的現象表現得更明顯。大家都對自己的能力有非常

強的信心，而這樣的信心究竟是從何而來的呢？每個投資者都對自己的投資經歷或成長閱歷有一定的把握，所以相對自信。這裡筆者想強調一點，投資者只要獲得在他們看來「足夠」的資訊，無論是來自經紀公司、顧問公司、委託公司，還是理財顧問公司，無論這些資訊是否真的對投資有所幫助，他們都會變得對自己越來越有信心，也會越來越傾向於進行交易。

　　無論是散戶、機構投資者，還是券商，都應該瞭解驅使投資者進行交易的原因。當大家對這些原因有所瞭解之後，在進行股票交易之前，最好先想想，自己交易的理由是不是與上述原因吻合。

　　交易最重要的驅動力應該是信息，或者是信息上的優勢。市場上股價的波動，大致上是由信息推動的：公司有利多消息時，股價上漲；有利空消息時，股價下跌。作為投資者的我們，每天會獲得很多消息，這些資訊是否對投資有幫助，或者我們是否比其他投資者更早、更準確掌握信息，直接影響了是否交易的決定。

　　筆者及同事在美國加州大學的研究團隊所進行的另外一項關於投資者投資績效的研究，在行為金融學領域有非常大的影響，也確立了投資者行為實證研究的學術地位。這項研究非常簡單，但好的研究，往往都是非常簡單的。我們基於這項研究所發表的論文，十分清晰地傳遞了非常有價值和有說服力的信息。當然，現在我們看起來非常簡單的任務，在當時還是頗有難度的。大家很難想像在1995年，用486處理器的電腦處理300多兆

的數據是一件多麼痛苦的事。現在覺得再容易不過的問題，當時可是需要把電腦的功能發揮到極致才能完成。

前文提及，筆者的同事問了一個非常簡單的問題：投資者、特別是散戶到底賺不賺錢，或者說投資者在交易之前，是否掌握了準確的有助於投資的資訊？要回答這個問題，需要回到經濟學的一個基本假設和一項基本原理。這個基本假設就是，經濟學假設人是逐利的，是追求利潤最大化的，所以投資者進行股票交易時的初衷就是賺錢。在這個假設的基礎上，我們引入一項經濟學原理——非滿足性原理，其含義是，對於好的東西（如金錢），人類的欲望是無窮的。所以，當投資者持有一支股票的時候，總是想要找到表現更好的股票，以便賺取更多的錢。

一個投資者原本持有一支股票，由於各式各樣的原因突然要換倉，把這支股票換成另一支股票，那麼他應該在什麼時候選擇換倉，換一支什麼樣的股票呢？試想，如果一個投資者決定把A股票換成B股票，前提是這個投資者確實擁有一定的投資能力，那麼我們會觀察到什麼現象？在換倉之後的一段時間內，哪支股票的表現會更好一些？我們預測，答案應該是B股票，因為他選擇的新股票，應該比原來持有的股票更有吸引力。

這正是那篇論文的核心，我們想比較一下投資者在換倉後，新買入的股票和原來持有的股票在績效上的差異。在投資者換倉之後的三個月、六個月或一年裡，他們新買入的股票是不是能夠跑贏他們原來持有的股票？

如果投資者的信息準確，對市場投資時機把握準確，那麼結果應該是肯定的。

令人遺憾的是，無論是在三個月、六個月、一年，還是兩年的時間區間中，我們都發現，新買入股票的表現，明顯比原來持有的股票的表現差。一年以後，前者的收益要比後者低3.5％。我們進而推測，很多散戶在投資交易前，並沒有特別明顯的信息優勢。

史丹佛大學的一位學者做過一項非常有趣的研究，試圖更好地解釋信息究竟在多大程度上影響投資者的交易行為。他獨闢蹊徑地研究了18世紀時在荷蘭上市的英國公司的股票交易行為。在18世紀，由於英國和荷蘭之間沒有鐵路、公路、電報、電話等通信方式，兩國間的信息傳遞必須透過定期班輪。因此，如果荷蘭投資者想知道在荷蘭上市的英國公司在其本土的業務資訊，只能等待班輪把新的信件傳遞過來才行。這位學者就希望瞭解投資者的交易行為，在多大程度上受到新信息的影響，有多少交易和股價波動是發生在這些班輪剛剛到岸的時候；與此相對，又有多少交易和股價波動是發生在新信息到來之前，並將這兩者進行比較。

正如大家所想到的，這些股票的價格會在班輪到岸之後，因為新信息的到來而大幅波動。因為這些在荷蘭上市的英國公司的主營業務都在英國，有關公司的基本面的消息都是人們從英國船老大那裡獲得的，只有在班輪剛靠岸之後，才有關於這些公司的新消息，所以股價的波動在很多時候是集中在班輪剛剛到岸的時間裡。

研究同時發現，新信息的到達，只能解釋一部分市場交易和股價波動的原因。只有1/3到1/2的股價波動，是集中在班輪到岸的一、兩天之內，剩下的大多發生在沒有實際信息到達的時候。研究還發現，有些交易行為完全是由投資者的預期和情緒波動導致的。比如，有的時候，由於天氣、機械故障等原因，班輪會出現延誤或取消的情況。雖然沒有新信息到達，但市場仍會按照平時班輪的日程，在班輪預計到達的時候出現較大波動。**由此看來，投資者不只是在當今高度資訊化的時代，才會受到大量無關信息的干擾、做出草率的決定，即使是在資訊相對閉塞的過去，資本市場和投資者交易行為所反映的，也不完全是對投資有用的信息。**

交易的原因

交易的第一個原因是流動性。比如子女要去美國留學，家長手裡沒有現金，就需要賣掉一些股票，這就是由於流動性的原因進行交易的例子，目的是實現金融資產和實際生活開支之間的平衡。人們持有金融資產是為了獲得收益，同時需要一定的現金流支應日常生活和重大的消費活動，這是一個合理的原因。如果考慮到此原因，投資者買賣股票就不僅僅是一種投資行為，而是一種投資加消費的行為。因此，即使少賺錢或虧了錢，都得心平氣和，因為有急著使用現金的需求。這也是投資者應將自己的財產進行多元化配置的原因，一旦進行財產多元化配置，就不會因為臨時的流動性需求，不得不

心痛地低價變賣自己的寶貴資產。

第二個原因是稅收。這在中國還不是一項很重要的考慮因素，但是在很多其他國家，資本利得和投資紅利都要繳稅，而投資資本損失則免稅。假設一個家庭一年的應稅收入是10萬美元，但是由於在今年的投資中損失了1萬美元，他們就可以把這1萬美元的損失從10萬美元的應稅收入中扣除，只須繳納9萬美元應稅收入所對應的稅額，但前提是投資損失必須是在當年發生的。也就是說，這個家庭必須在當年12月31日前，把虧損的股票賣掉。所以，有些投資者和家庭為了能在當年利用投資虧損來避稅，往往會在年底之前把浮虧的股票賣掉，這樣就可以節省一部分應稅收入所對應的稅金，這就是合理避稅對交易的影響。

第三個原因就是投資組合的再平衡。什麼是再平衡呢？假如一個人持有兩支股票，成本價都是每股10元，一支漲到了每股100元，一支跌到了每股5元。最初他認為兩家公司一樣好，後來發現A公司的股價漲得太快，B公司的股價跌得太快，如果投資者對這兩家公司前景的看法沒有改變，現在就應該首先賣掉一些已經賺錢的股票，用其中一部分資金購買不怎麼賺錢或虧錢的股票。目的是平衡整個投資組合，回到跟自己信念相一致的方式。雖然市場變動了，股價變動了，但是因為投資者的信念沒有改變，所以要調整自己的投資組合。

第四個原因是改變風險暴露（risk exposure），這對很多發達國家有深遠的意義。投資者在人生的不同

階段，對於風險的偏好有很大的差別。年輕人在大學剛畢業的時候傾向買股票，因為和債券相比，股票的收益高，波動也大。在年輕的時候，投資股票這種風險相對較高的資產，你可以長時間持有這種資產。無論股票是漲是跌，從長期來講，在今後二、三十年的時間裡，股票的回報率一定比債券高。根據1920年之後七、八十年的歷史，美國股市的平均年回報率是11％～12％，債券的平均年回報率是5.5％～6％。也就是說，在很長的一段時間裡，股市是能夠跑贏固定收益市場的。同樣的規律在全球其他國家，包括中國的A股市場也適用，所以人在年輕的時候要多投一些權益類的資產。

隨著年齡增加，你有了更多的壓力和約束，會更加關注自己和家庭的健康與安全，就會買保險。保險裡面，有很多是比較保守的固定收益商品。等到退休後，我們就不再主動賺錢了，而是靠社保、養老金等收入生活。這個時候，投資者應該把自己高風險資產的配置比例逐漸降低，並且開始更多地投資於固定收益的商品，因為這些金融商品有非常好的安全性。同時，投資者退休後的花費也比之前少了，更希望投資收益能夠維持整個生命週期。所以隨著年齡的變化，投資者對於風險的偏好也是不斷改變的，這種改變則是體現在交易投資方向的調整上。

回顧投資者交易的原因，除了剛才提到的流動性、稅收因素，再排除其他非投機的交易因素，在剩下的非理性投資中，投資者買賣得越頻繁，失敗的概率就越大。

性別與投資績效

　　還是利用美國散戶和中國散戶的數據，我們比較了男性和女性投資者的投資績效。大家憑直覺推斷，也會覺得男性比女性更加有自信，有更強的控制欲。心理學家透過實驗，也得到了同樣的結論。那麼，這種差別會對男性和女性的投資績效產生影響嗎？利用投資者的個人信息，我們發現女性投資者交易的積極性確實低於男性，體現為女性投資者交易的換手率明顯低於男性。如果是比較單身女性和單身男性，兩者之間的差異就更大（因為結婚以後，太太或先生都會受另一半影響，兩者的差異會稍微中和一下。）

　　針對整體投資者的研究結果也一樣，我們發現，交易更頻繁的男性投資者的投資表現，明顯不如女性投資者。接著，我們重複前文的分析，將每個人原來持有的股票和新買入的股票在一年之後的績效進行比較，也得到了同樣的結果。女性投資者換倉的頻率低一些，因此在換倉後的損失也會相對小一些；男性投資者換倉的頻率會高一些，因此在換倉後的損失也會相對大一些。由此可見，如果你只想碰碰運氣，聽到消息就去投資，那麼你很可能會頻繁地操作買賣股票，這種輕率的投資很可能導致投資失利。

線上交易與投資績效

　　交易頻率和績效的差異，不僅反映在性別之間，也

反映在不同的交易方式之間。1990年代初期美國網際
網路資訊革命,改變了全球社會的通訊方式,也改變了
投資者的交易方式。在網際網路被發明、普及之前,
大家都透過電話交易股票。隨著網路的發展與普及,
證券公司一想,為什麼不鼓勵投資者透過網路進行交
易呢?於是,美國最大的經紀公司之一——富達公司
(Fidelity),就在《紐約時報》上刊登了下列這則十分有
趣的廣告:「交易就像西部片裡的決鬥一樣,拔槍慢的
人先死。」意思是勸說投資者不要在電話上交易了,應
該轉到網上交易。那麼,這種投資方式的轉變,對投資
者的績效有什麼影響呢?

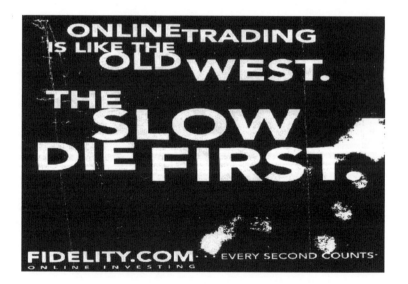

　　我們在散戶資料中,找到了一千多位原來靠電話進
行交易,後來轉到網路進行線上交易的投資者,這些人
就是我們金融研究中的「小白鼠」。同時,我們又在數

據庫裡給每一隻「小白鼠」，找到一個在組合、歷史績效和個人特徵方面相似的投資者作為比較對象，區別在於該比較對象沒有轉到線上交易。後一組投資者好比醫學實驗中服用安慰劑的對照組，我們以此來比較這兩種投資者在交易頻率和投資績效上會有什麼區別。

什麼樣的投資者會轉到網路上進行交易呢？我們發現，績效比較好的人傾向於轉換交易方式，因為他們比較自信，會盲目地認為，現在打電話都做成這種業績了，有了網路更是如虎添翼。這些投資者在轉換成網路交易後，交易頻率大幅增加，交易風格會比原來更加投機，但是投資績效卻大幅下降。

我們從投資者決定轉換交易方式這一天或這個月算起，對比他們的投資換手率和收益率。結果發現，在轉換發生之前的24個月，投資者的年換手率是60％左右，而對照組投資者的年換手率是50％左右。這些投資者肯定覺得因為自己的交易很頻繁，所以電話交易會影響自己的績效，因此一定要轉換成網路交易。在轉換之後，他們的交易換手率幾乎上漲了100％，這是因為他們發現原來打電話那麼麻煩，沒個三、五分鐘搞不定，現在能夠上網了，交易變得這麼容易，所以換手率大幅上升。

但是，換手率在經歷了一個短暫的上升後，很快就下降了。為什麼呢？看看下頁圖中他們的績效就知道了。在轉換交易方式之前的三年內，他們的績效是遠遠好於大盤的，但在之後，他們的新投資策略使得投資組合的收益大大降低，幾乎與市場平均收益沒有區別了。

原來投資能力不錯的投資者，也會因為越發頻繁地交易，把原來審慎考慮的決定變成現在草率的決定，結果投資績效就下降了。與此同時，投資者因為在轉換後的交易頻率更高了，他們所支付的交易費用也大幅上升，因此帶來了淨收益的進一步下降，結果就是：從明顯跑贏大盤，到明顯跑輸大盤。

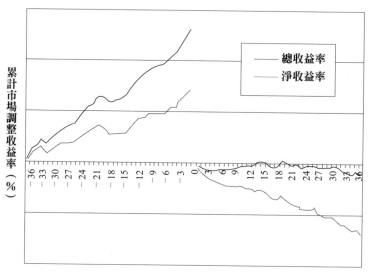

事件月（0＝首次網路交易的月分）

我們對利用電話、互聯網、熱鍵進行下單的中國散戶，也進行過類似的研究，結果也是相似的：**交易方式越便捷，投資者的投資效率反而越低**。所以，筆者想跟大家講，券商和基金公司提供很多服務方便交易，可能是出於提升自身業務的考量；對於廣大的散戶，便利的交易方式其實未必是一個福音。**很多時候，便捷的選擇，往往也是危險的選擇，甚至是錯誤的選擇。**

控制幻覺

接下來的討論，涉及心理學一個常用概念——「控制幻覺」（illusion of control）。講到「控制幻覺」，心理學裡有一個著名的實驗。假設我們賭輪盤，扔一顆球進去，落在紅色區域還是黑色區域、單號還是雙號，可以選擇下注。如果可以選擇，大家想一下，你是願意讓莊家幫你扔那顆球呢，還是自己扔（該實驗對於拋硬幣、擲骰子、抽紙牌也同樣適用）？絕大多數的人都願意自己扔，對不對？其實大家都知道，在不出老千的情況下，無論是你扔、還是莊家扔，對結果都沒有影響，賺錢或賠錢的可能性是不變的。但是，幾乎所有參加實驗的人都希望自己扔那顆球，這就是我們說的「控制幻覺」。人們天真地以為，控制了賭博過程，就可以控制賭博的結果。

於是，就有心理學家在賭場裡做了下列這個實驗。你可以選擇自己扔球，但是你要付錢，你願意出多少錢去購買這個自己扔球的權利？請大家自己思考一下。再假如，你預期能賺100元，又願意花多少錢來購買這個權利？

實驗表明，大家的選擇是15～20元，也就是預期報酬的15%～20%。這反映了人對於自己能夠控制過程的權利的看重程度。在股票交易中，其實也有類似的情況。在中國有許多投資者——當然其中可能很多是離退休職工——願意整天坐在營業部裡看著大盤，或是整天

盯著網路上的即時交易行情，俗稱「盯盤」。有些投資者甚至因此得了腰椎病、頸椎病，犧牲了自己的健康。很多投資者自己也不知道在這個控制的過程中，到底獲得了什麼新信息。大家願意去看、去瞭解，自認為控制了這個過程，投資表現就應該會好一些。在這一點，不只是散戶，有些專業交易員也是一樣，因為有這種控制幻覺，交易員和投資者就會特別喜歡「參與」投資決策。**不幸的是，往往大家看得越多，越容易產生盲目的自信，適得其反**。在中國專業圍棋運動員中，流傳了一種說法，叫作「長考之後出昏著兒。」電影《功夫熊貓》（*Kung Fu Panda*）中，也有一句台詞是：「人往往是在想躲開自己宿命的路上撞上自己的宿命的。」這兩句話，傳達了相同的意思。

投資者的朋友

有時，最方便的選擇，未必是最好的選擇。雖然我們能夠掌握決策的過程，但是不能控制決策的結果。然而，對過程掌握得越多，反而越有可能讓我們產生錯誤的成功幻覺。再跟大家分享一個有趣的現象：在美國，很多家庭是沒有信用卡的。考量到整個社會的金融發達程度，這成了一個經常被大家調侃、甚至批評的現象。反觀中國，現在很多年輕人只要一工作，就先去銀行申請信用卡，每個月先把工資花光，再把信用卡刷爆，推遲一個月還款，這已經成為「月光族」標準的生活方式。

為什麼美國的很多家庭會沒有信用卡？因為信用卡消費太便捷。很多家庭都發現，使用信用卡消費，會讓你買很多並不需要的東西。這些美國家庭為了控制消

費，索性卡住消費的源頭，不使用信用卡。研究表明，與刷信用卡相比，寫支票雖然也相對便捷，卻會讓消費者在購買東西時更慎重一些。

在美國拉斯維加斯的賭場裡，過去當賭客在角子機上贏了錢時，硬幣叮噹叮噹掉出的聲音非常悅耳，使得很多人都想去賭博。為了降低賭客的賭博心理，現在拉斯維加斯的賭場都用電子卡，贏的錢和輸的錢都在這張卡裡面。這樣一來，賭客從贏錢時硬幣掉落的聲音裡獲得的快感就減少了，賭博活動也明顯減少了。由此看來，背景和環境對於人對消費與風險的厭惡程度有很大的影響。我們都知道，投資需要承擔風險。投資者為什麼會犯各式各樣的錯誤，一定程度上就是因為受到做決定的環境影響，導致草率地做出決定。

還有另外一個很有趣的現象，美國的公路和小機場很發達，所以如果你想去的地方在200～400英里的距離內，那麼你可以搭飛機，也可以開車。很多人都喜歡自己開車，其中一個原因是覺得坐飛機不如自己開車安全。但是，美國交通部的數據表明，高速公路上的交通死亡率，是乘坐飛機死亡率的八、九倍。大家不妨試著想想，上一次發生在美國的大型商用飛機墜毀事件是什麼時候呢？（答案是2013年7月6日，韓國韓亞航空班機在舊金山機場降落時發生事故。）可是，高速公路上的交通事故，是天天都在發生的。然而，很多人還是覺得自己開車時，命運掌握在自己手裡，所以更安全。其實，命運還掌握在撞你的人手中，萬一別的司機開車撞

你，怎麼辦？

投資也是一樣，你首先要瞭解風險在哪裡，要如何控制風險。對散戶來說，投資流程沒什麼好控制的。當今，資本市場出現了越來越多基於高頻算法和計算模型的投資策略，很多基金在投資過程中甚至不需要人的參與。由此可見，「盯盤」和頻繁操作，非但不是投資獲利的必要條件，甚至可能是降低收益、摧毀財富的便捷之路。

巴菲特就是這方面的一個正面典範。他有明確的投資目標和投資理念，不受環境影響，當大家都在追逐網際網路泡沫公司股票和複雜的CDO、CDS商品的時候，他沒有隨波逐流，而是投身公益慈善活動。等到泡沫破裂了，大多數的投資者被市場打敗的時候，巴菲特才以救世主的身分參加派對，賺個盆滿缽滿。2009－2010年，他低價收購高盛公司的股份，只不過是他一貫「遊手好閒」式的投資風格的反映。

本章的這些例子都在提醒大家，越是成功的投資者，越是自信，但是你一旦變得自信的時候，投資決策可能就會變得草率。不負責任的交易，會把你的績效拉低。我們講到的**過度自信，是投資行為偏誤裡最重要的現象。**

本章討論了投資者進行交易的幾個主要原因：信息優勢、流動性、稅收考量、投資組合的再平衡，以及風險暴露的調整等。除了這些原因的妥善考量之外，別人給的小道消息、老師名嘴推薦的股票，以及某些上市公司在高速公路旁立的廣告看板，都不應該成為投資者進

行交易的原因。

—————— **本章重點摘要** ——————

1. 投資者有過度交易的傾向。

2. 中國投資者的交易頻率,是全球投資者中最高的之一。

3. 過度自信和控制幻覺,導致過度交易。

4. 頻繁交易影響投資者對資訊品質的判斷,導致投資者的績效下降。

07

持有多元化投資

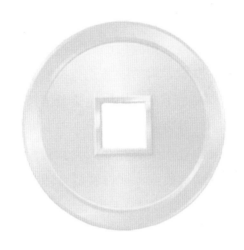

投資學的一項基本原則是：不要把所有的雞蛋放在一個籃子裡。投
資者要多元化投資，以便分散風險。很多投資者在每次投資前，都
堅信自己會獲利，忽視透過多元化投資防止股價下跌的風險。如果
投資者一味尋找自己比較熟悉的投資標的和投資機會，就會限制
自己的投資空間，也無法保證獲得優異的投資績效。

散戶為什麼會對大盤走勢和個股的漲跌這麼看重呢？很多散戶肯定會說：「只有知道明天股票的漲跌情況，我才能決定今天買什麼；只有知道明天大盤的漲跌情況，我才知道今天開盤是該買入還是該賣出。」其實，散戶思考這個問題的邏輯，或者前提條件有很大的問題。試想一下，如果散戶能夠準確判斷明天大盤或個股的走勢，那麼散戶還會只是散戶嗎？豈不是應該早就變成像巴菲特那樣富可敵國的股神？

正如前文提過的實驗所展現的，恰恰是因為投資者對於自己的資訊掌握，對於自己的投資能力有過度自信的傾向，才導致投資者對透過多元化投資來分散風險的建議置若罔聞、視而不見。如果投資者不持有一個多元化的組合，那麼現實將強迫投資者必須有非常強的賭博或押寶心態。投資者如果看好明天大盤會漲，或者某支股票會漲，就會滿倉殺入，把投資組合裡所有的金額都投在買大盤指數，或者買這支股票上。

然而現實是，即使是諸如公募基金和私募基金這樣的機構投資者，在對於市場大盤和個股的短期預測方面，也並不準確，更不用說廣大的散戶朋友了。如果重倉殺入而又判斷不準，那麼結果非但不能讓投資者賺錢，反而會讓投資者面臨巨大的損失。

散戶之所以對每一個投資決定都抱有特別高的期望，而事後又往往不得不接受非常大的失望，很重要的一個原因是：**廣大散戶有一種個股投資的心態，而不是把投資作為一種多元化的投資組合來看待**。散戶的投資規模

和投資組合往往不會太大，因此很容易只關注和持有非常有限的幾支股票。

投資學的一項基本原則是：不要把所有的雞蛋放在一個籃子裡。也就是說，投資者要多元化投資、分散風險，但是散戶的投資決策往往和教科書中的理論相去甚遠。

一項針對美國某家大型券商的散戶的研究表明，他們的投資組合是相當不分散的，其中30％左右的人只持有一支股票，20％左右的人只持有兩支股票，10％左右的人持有三支股票。也就是說，一半以上的散戶的投資組合裡，只有不超過三支股票。聯準會三年一次的消費金融調查，也從側面證實了此一研究的發現。

與此類似，筆者在台灣地區的研究也發現，30％左右的台灣投資者只持有一支股票。更遺憾的是，如果投資者在某上市公司工作，該公司股票在其投資組合中所占的比例大概是50％。

研究者透過對瑞典等北歐國家與其他一些發達國家的投資者的問卷調查，瞭解他們是如何分散風險以及進行投資的。調查顯示，散戶一半以上的資金投在單支股票上，只有一小半的資金投在公募基金商品上。因為公募基金通常是散戶進行多元化投資的重要管道，所以從這個角度而言，他們的投資是比較缺乏多元化的。另外，研究者也發現，在所有投資者中，一半左右的人只持有一支股票，另外20％的人持有兩支股票。所以即使忽略各種股票收益率之間的相關性，單純考慮持有股票的檔數，我們也可以發現散戶的投資組合是非常集中的。

為什麼散戶的投資組合如此集中？接下來，我們就來詳細解讀一下。

意識缺乏導致的集中化

投資者首先是因為沒有意識到多元化投資的重要性，或者說不想進行多元化。這在一定程度上，跟我們之前提到的「過度自信」有關。投資者在每次決定買入某支股票的時候，都自認為已經進行了深入的調查，比如從親朋好友那裡聽說了很多關於這家公司的小道消息，或者剛剛和這家公司的高管或員工吃過飯，得到了一些利多消息等，對這家公司已經非常瞭解。他們堅信，自己買入股票後一定會賺錢。總之，投資者對於自己所獲得信息的準確性和自身的投資能力都深信不疑。恰恰是因為投資者在每次投資前都堅信自己會獲利，反而忽視透過多元化投資來防止股價下跌的風險。

令人遺憾的是，在交易過程中，投資者之前的信念和信心，往往會被現實壓得粉碎。比較好的情況是，股票在買入後價格上漲了。這時，散戶就會開始糾結：股價是不是見頂了呢？應該什麼時候拋出呢？我們對散戶投資績效的研究結果表明，**大多數的人過早拋出了浮盈的股票，以致他們不能充分獲得這支股票在上漲過程中創造的回報。**

更難辦的情況是，股票在買入後價格下跌了。這時，**散戶往往會表現出我們提到過的「處置效應」，即雖然賠錢了，但是不情願把這支股票賣出，而是選擇忽略。**

散戶會盲目相信，投資組合中的浮虧，有朝一日必定會扭虧為盈，終將獲利。正是在這種心態的影響下，他們的投資組合中被選擇性遺忘的浮虧股票就沉澱了下來。在之後的投資中，散戶不再把這支股票和其他新買的股票作為一個投資組合考慮，進而弱化了投資組合分散風險的作用。

熟悉導致的集中化

投資者集中投資的另一個原因是，對某支股票或某個產業比較熟悉。人喜歡規避損失，也喜歡規避不熟悉的環境和不明確的信息。因此，投資者就會盡可能尋找自己比較熟悉的投資標的和投資機會。雖然這既限制了自己的投資空間（有悖於多元化投資的原則），又不能保證更優異的績效（這點得到世界廣泛數據的支持），但是大多數的投資者仍深信投資於熟悉的市場、領域和企業是比較可靠的投資方法。

大家都知道，投資界有一句名言叫「投資那些你熟悉的東西」。股神巴菲特將這句話昇華為「只投資那些我看得懂的東西」，所以在網際網路泡沫的時候，巴菲特沒有投資任何網路公司股票，這在幾年後被證實是非常明智的。

投資者傾向於投資自己熟悉的東西。美國有家機構叫投資公司協會（Investment Company Institute, ICI），類似於中國的證券投資基金業協會，是基金產業自發組成的一個自律性協會，主要負責做資產管理行業的調研和

分析行業發展狀況，希望更好地瞭解投資者，同時幫助
整個產業更好地發展。

　　ICI每年會對美國的投資者進行一項問卷調查，研
究者在其中發現了一個很有趣的現象。問卷讓投資者根
據熟悉程度，對各類不同的資產進行排名。結果顯示，
他們最熟悉的是本公司的股票，緊接著是基本沒有任何
風險、但收益率也較低的貨幣市場基金，之後依次是政
府債券、其他債券、穩定價值的股票、國際或者全球股
票，最後是平衡型的基金。投資者根據對投資商品的熟
悉程度，從1到5進行評分，最熟悉的類別（例如本公司
的股票）大概能夠得到3.5分，相對陌生的類別（例如平
衡型基金）大概得到2分，這反映出投資者對不同類別
的金融商品的熟悉度是有很大的差別的。

　　此外，ICI還做了一項分析，即讓投資者對不同類別
資產的風險水平進行排序。結果顯示，投資者認為風險
最大的是國際或者全球股市，其次是美國股市，再次是
本公司的股票、平衡型的基金、貨幣市場、債券、穩定
價值型的基金，而風險水平最低的是美國國債。

　　稍加思考，我們就會發現，投資者的這種判斷，有
悖於最基本的金融學原理。投資最重要的原則是分散風
險，俗話叫「不要把所有的雞蛋放在同一個籃子裡。」
從這個角度來說，任何單一國家的股票市場，都比全球
股票市場的風險大；任何一支股票都比一個由很多股票
構成的股票池的風險大。根據包含關係，美國股票市場
包含在全球股票市場內，投資人所在公司的股票包含在

美國股票市場內。因此，從理論上來說，應該是全球的股市最安全，美國股市其次，本公司的股票風險最高。但是，投資者恰恰給出了一個完全相反的回答，這表明他們的主觀判斷和客觀的風險是完全相反的。

為什麼投資者會有這樣錯誤的判斷？這主要是和前文談到的熟悉程度有關。投資者在評判一項商品、股票、證券的風險程度時，不僅僅會考慮其收益率、波動率和它們之間的相關係數，還會考慮自己是否聽說過。如果投資者對這些比較熟悉，就會覺得相對安全。筆者一直強調要關注風險，但又想提醒大家，熟悉程度會影響你對於風險的判斷。

理論上來講，本公司股票的風險比美國股市中的股票的風險更大，美國股市中的股票的風險要比全球股市中的股票的風險更大。但是，對於廣大投資者而言，他們覺得自己對本公司和美國股市比較瞭解，而這種直觀感覺會改變其對風險評估的客觀程度。由於我們對熟悉的東西自然產生了一個正面判斷，這種由熟悉產生的親和力，會導致我們不能客觀地對商品風險進行考量。筆者在中國和美國兩個市場的研究表明，投資熟悉的企業，確實可以給投資者帶來更高的收益；但研究同時表明，他們的績效並不能跑贏大盤。

一些學者透過對全球多個資本市場的研究發現，投資者忠誠於自己所供職的上市公司股票的現象是普遍存在的。然而，在金融學家眼中，這是匪夷所思的。筆者曾經利用台灣上市公司的數據，研究員工投資本公司股

票的收益情況。筆者可以透過台灣地區財稅當局，瞭解每一個投資者的工作單位和家庭投資情況，因此可以準確測量每個家庭的投資組合中，有多少是本公司的股票，有多少是本公司相關產業的股票，有多少是其他產業的股票。

筆者發現，台灣股市投資者的資產組合嚴重缺乏多元化。在上市公司工作的投資者中，有一半以上只持有屈指可數的三支股票，其中所占比例最大的就是其所供職的上市公司的股票；有30％只持有本公司的股票。平均而言，本公司的股票在員工的投資組合中幾乎占到50％。

究其原因，有一種解釋是：員工對本公司的資訊更瞭解，所以更願意持有本公司的股票。如果這種說法成立，那應該是層級越高的員工，就越有可能持有更多本公司的股票，因為他們對公司的情況更瞭解，但這和我們在台灣市場得到的結論恰恰相反。我們發現，在層級較高的員工的個人投資組合中，本公司股票的比例相對較低，反而是層級較低、對公司高層情況和公司業務並不真正瞭解的員工，持有本公司股票的比例相對較高。因此，我們的發現很難支持「投資者因為對本公司更瞭解，而選擇投資本公司股票」這一論斷。

為了探究上市公司員工能否透過投資本公司股票獲得更好的績效，我們比較了兩類員工的投資組合收益情況：一類大量投資於本公司股票，另一類沒有大量投資於本公司股票，而是選擇多元化投資。結果顯示，前者的總收益和淨收益不僅沒有後者高，而且由於投資較集

中，投資組合的風險比後者高得多。如果我們把兩種投資組合調整到同樣的風險暴露程度，就會發現，前者的績效比後者要差20％～30％。也就是說，這些忠於本公司股票的員工，非但沒能透過投資熟悉的股票獲得超額收益，反倒承擔了超額風險。其中的得失，實在發人深省。

這個現象在美國也非常普遍，但方式略有不同。在美國，公司往往為了管理本公司員工的退休金而設立退休金投資管理基金。根據美國學者的研究，其中許多基金的大部分資產，都集中投資於該上市公司的股票。奇異公司（GE）、埃克森美孚（Exxon Mobil）、西南貝爾（現在的AT&T）、寶潔（P&G）、輝瑞公司等美國大型藍籌股公司的養老金，有一半以上都投資於本公司的股票。其中，鼎鼎大名的P&G公司的養老金管理基金，更是將93％的資產投資在P&G公司本身的股票上。

養老金在本公司股票上的過度配置，也反映了公司雇員對於自己所在公司的股票的高度忠誠。這種忠誠從何而來呢？原因有下列兩個。

第一，很多員工在多年的工作中，和經理、同事結下了深厚的情誼，這就是忠誠的來源，而這種忠誠又會帶來過度自信。員工正是由於自認為對公司有充分的瞭解，所以對公司提供的資訊深信不疑，有時甚至還在幫助公司高管傳播錯誤的消息和虛假的報表。21世紀初，以美國安隆公司為代表的一系列廣受關注的財務詐欺案例背後，都有「忠誠」員工的宣傳為之推波助瀾。

第二，上市公司通常會為持有本公司股票的員工提

供投資激勵，例如：為員工退休後的養老投資提供資金匹配上的支持。

上市公司為何希望員工使用養老金購買本公司的股票呢？原因很簡單，為了支持公司股價和穩定管理層。在1980年代美國收購兼并非常盛行的時候，出現過很多外界投資者試圖透過惡意收購的方式，強行獲得公司控制權的案例。很多公司的高管在抵禦外界收購方的時候都發現，本公司的養老金其實就是一個非常好的基石投資。憑借穩定的員工結構及其對公司的忠誠，公司養老金可以成為公司抵禦惡意收購的一條有效防線。基於過去的成功經驗，很多公司都鼓勵員工多持有本公司的股票，並把員工養老金打造成為抵禦外界惡意收購者的防禦利器。

從負面來講，這種缺乏多元化的投資策略，和把所有雞蛋放在同一個籃子裡沒有什麼區別。這方面最經典的案例，就是曾在美國鼎鼎有名，並且名列全美「最有創新能力的公司」之首的安隆公司。安隆公司一度是美國市值第三大的公司，其養老金的62％都投資在本公司的股票上。當公司破產的時候，安隆的股價從100美元跌到2～3美元。安隆公司的總部在德州休士頓，曾是休士頓最大的雇主。安隆破產導致了很多人失去工作，所以休士頓的經濟，在當時經歷了非常嚴重的下滑。由於很多人搬離休士頓到別的地方找工作，房價出現了高達10％～20％的下跌。正是因為安隆在之前兩年的發展態勢太好了，許多員工都陶醉於公司在過去幾年的高速發

展，員工基於對公司的「充分瞭解」而信心滿滿地將所有資產投資於自家公司的股票。但是，像安隆、世界通訊（WorldCom）、環球電訊（Global Crossing）、凱馬特（Kmart）這樣的公司，一旦被爆出財務上的造假行為，導致股價出現大跌、甚至破產，公司員工在個人就業、股票投資組合、養老金和社區房價方面，都會受到一連串的打擊。這種高度相關的負面消息，會在短時間內讓未能有效進行多元化投資的家庭遭受極大的損失。這也是為什麼金融學原理強調，**投資者在追求收益的同時，一定要考慮多元化。**

熟悉的股票和鄰近的股票

筆者在後續的研究中，又發現了其他類似的有趣現象，其中一個來自北歐的芬蘭。眾所周知，北歐國家對全社會提供了全面且完善的社會福利保障，因此個人信息比較完備。透過這些信息，我們可以觀測到每一位投資者的投資組合、居住的地區，以及工作所屬行業。

研究表明，在高科技產業工作的芬蘭投資者，更有可能購買高科技領域公司的股票；在能源產業工作的投資者，傾向於購買能源企業的股票。如果該投資者在上市公司工作，其投資組合中本公司股票和公司所處產業的資產所占的比例會大大上升。同時，芬蘭的投資者傾向於投資在離居住地比較近的上市公司。例如，居住在芬蘭南部的投資者，傾向於投資總部也在芬蘭南部的公司；居住在芬蘭北部的投資者，傾向於投資總部也在芬

蘭北部的公司。由此可見，熟悉程度又一次成為影響投資選擇的一個重要原因。

研究也發現，這種基於職業或地域的投資策略，其實並不能夠給投資者帶來更高的收益。所以，與我們在台灣地區的發現一樣，這種投資於貌似比較熟悉的公司的策略，並不能給投資者帶來更高的收益，並不值得其他投資者仿效。

在美國，也有類似的情況。美國原來有一家統一的電話服務公司，叫作AT&T（美國電話與電報公司），在1990年代因為反托拉斯和反壟斷，被拆分為多家區域性電話公司，在東北地區大西洋沿岸的叫大西洋貝爾公司〔Bell Atlantic，現在的威訊通訊（Verizon Communications）〕，在西南部的叫南方貝爾公司（BellSouth），在西部太平洋沿岸的叫太平洋貝爾公司（Pacific Bell）。從這些公司的持股股東資訊中，研究者發現，各區域公司的投資者，大部分來自公司營運的地區。換句話說，投資者特別喜歡投資在自己居住地區營運的公司。

我們對美國投資者的研究表明，美國的散戶在選股時，有非常強烈的地域傾向。他們更傾向於投資總部或主要業務離自己住所較近的公司；值得一提的是，這個現象不只存在於散戶中，公募基金經理人的投資選擇也有類似的傾向。

有趣的是，同樣是投資距離自己比較近的公司，相比散戶，公募基金經理人往往能夠獲得更高的收益。這

背後可能有兩個原因。一是由於公司總部離基金總部比較近，基金經理人更方便去這些公司進行調研，從而跟這些上市公司有更充分、透澈的溝通。二是由於基金公司和上市公司總部離得越近，基金經理人就越有可能透過校友關係、俱樂部等社交活動與公司高管建立聯繫，兩者之間的瞭解也會因此更加深入，信任程度也隨之提高，便於基金經理人獲得關於該公司更準確的信息。

　　反觀散戶，研究表明，他們並沒有因為這種表面上的「熟悉」獲得超額收益。這正是筆者想跟大家分享、提醒大家注意的地方：**雖然投資者可能自認為對某些公司或資產很熟悉，但這並不能保證他們可以因此獲得更高的投資回報。**

　　最後，筆者想說一個發生在中國國內的有趣現象：散戶不僅對離自己居住地近的公司更有感情，對離自己近的交易所和在這個交易所上市的公司也會有明顯偏好。我們做了一個有趣的比較，發現有17％的上海投資者，根本沒有投資過在深交所上市的公司。與此同時，19％的深圳投資者，根本沒有投資過在上交所上市的公司。這在一定程度上是因為居住在這兩座城市的投資者，分別對自己城市的交易所比較認可，所以不選擇在另外一個交易所開設帳戶。上述提及的17％和19％的投資者中，有一半左右根本沒有在另外一座城市的交易所開戶。我們都知道，彼時交易所開戶的成本不過10元人民幣（當然，還需要再多填一些表格），而這與投資者的居住地無關。如果同時在兩個交易所開戶，投資者就

有了利用兩個市場不同板塊、風格和走勢進行組合投資的機會，但為什麼有這麼多投資者不願多付區區10元人民幣，寧願放棄多元化的投資機會呢？

我們推測，是因為投資者自認為對所生活城市的交易所更熟悉、更有資訊優勢，因而不考慮在其他城市交易所上市的公司和股票。那麼，投資者在兩類交易所的投資績效，真的像他們所相信的那樣有顯著差異嗎？遺憾的是，和國外市場研究結論相同，雖然投資者在自認為更熟悉的市場中的投資績效相對更好，但是並不能跑贏市場或另一個交易所的指數表現。

我們透過上述幾個例子，探討了投資者傾向於投資自認為熟悉、瞭解內幕信息的那些公司的現象。但是，根據多個國家的研究，我們發現這種策略之下的績效，並不比多元化投資組合或其他投資組合的績效好。

時間成本導致的（欠缺）多元化

為什麼有些投資者會選擇親自進行股票投資，而有些會選擇投資基金？這一方面源於投資者的風險意識和投資能力的差異，另一方面源於投資者的時間成本有所不同。有些投資者的生活節奏較快、事務較多，沒有足夠時間打理自己的資產，那麼對他們來說，比較合理的做法就是委託理財，把資金交給專業投資者打理。而有些人可能閒暇時間比較多，因此可以選擇親自參與投資。

透過對美國消費金融調查數據的分析，筆者發現那些時間成本比較高，譬如已經結婚生子、收入比較高或

從事比較專業化職業的投資者和家庭，更傾向於透過公募基金進行投資。其他人群則傾向於親自在資本市場投資。從這個角度來講，投資方式的選擇不僅受到投資者能力的影響，也受到其時間成本的制約。比如，有的投資者可能投資能力很強，但時間的機會成本可能比較高；對這些投資者來說，把資金交給專業投資機構進行多元化投資是更合適的方式。

投資習慣影響收益

　　散戶在進行投資時，由於持有的股票數量有限，會更加關注單支股票的表現，忽視所持有的幾檔股票之間的相關程度。

　　針對美國和中國股市的研究結果都表明，如果投資者在比較短的時間內（比如一週或一個月）買了幾支股票，那麼這些股票收益的相關性往往會比較低。這說明了投資者會把這幾支股票看作一個投資組合來整體考慮：在買入高風險成長股的同時，可能會買入低風險的價值股來平衡風險。這也說明了散戶並不是完全沒有多元化投資的意識，如果他們在短時間內集中投資，會自覺考慮分散風險的問題。

　　如果投資者的交易在時間上相隔較遠，比如每隔一個月買入一支股票，那麼這些交易之間就沒有很緊密的關係。基於對散戶交易行為的觀測，我們發現，除了剛開戶的一段時間之外，大多數散戶都不會集中在同一段時間進行交易。這就導致了投資者在決定每一筆投資的

時候，更多考慮的是單支股票的表現，而忽略了其作為投資組合的一部分對整個組合風險的影響。

根據我們的觀察，如果投資者的交易間隔時間比較長，比如在1月買入一支股票，在3月買入第二支，在6月買入第三支，這三支股票很可能集中在某個產業或者高度相似。我們推斷，在這種情況下，投資者往往不是從投資組合的整體角度出發挑選股票。由此可見，投資者的交易習慣，在一定程度上影響了資產配置和風險分散的效果。這就是我們所說的，**缺乏規劃的投資行為，往往會導致缺乏多元化的結果。**

如何進行多元化配置？

散戶往往不知道如何進行多元化投資。他們錯誤地認為，只有資金雄厚的投資者，才有多元化的可能，自己持有一、兩檔股票尚且管理不過來，更不用說打理一個多元化的投資組合了。

其實，散戶對多元化概念的理解存在誤區。散戶在考慮分散投資組合風險時，更多關注投資組合中股票的檔數，而不是各股票收益之間的相關性。但前文的證據表明，投資組合是否充分多元化，更大程度上與股票之間的相關性有關，而不是股票的檔數。

我們知道，金融市場中的風險，比股票個數的概念複雜得多。簡而言之，就是要考慮各種不同資產收益率之間的相關性。一個只包含兩檔收益走勢相反的股票（一支上漲時另一支下跌，反之亦然）的投資組合，很可

能比另一個包含五、六檔走勢大致上相同的股票的投資組合的風險低。

舉例來說，你持有10檔股票，如果都是券商股或地產股，那麼一旦祭出影響整個券商產業的政策，或者出現房地產調控，這10檔股票就會受到衝擊。所以，**一個投資組合的多元化程度，更取決於各股票之間的相關性，而不是簡單的股票檔數。**

我們對中美散戶的投資行為的分析表明，即便那些擁有15檔以上股票的投資者，雖然其投資組合中股票數量較多，但風險分散的程度是遠遠不夠的。他們往往以為，持有更多的股票檔數，就可以保證持有更分散的投資組合，而忽略了各檔股票收益率之間的相關性。

我們的研究進一步證實，這些包含較多股票的投資組合，並不比只包含兩、三支股票的組合安全。隨著投資組合中股票檔數從三支上升到六支（上升了一倍）和九支（上升了兩倍），整個組合的風險卻只下降了10％～15％。究其原因，這些投資者雖然購買了六支或九支股票，但由於股票表現之間的相似性過高，結果更像是購買了三種股票，其中每種包含的兩、三支股票的表現都比較類似。因此，筆者提醒大家，**不要被股票檔數迷惑，因為在很大程度上，真正影響投資組合風險的是：各種資產和股票收益率之間的相關性**。當然，如果投資者是在不同板塊和不同風格的股票中，隨機抽取股票加入自己的投資組合，則能夠在一定程度上避免上述問題。

有研究表明，如果投資者能夠隨機抽取足夠多的股票，那麼他們的投資組合就可以抵禦整個股票市場的風險。比如，在美國股市曾經流行過一種12法則組合，意思是如果投資者能夠隨機抽取12檔股票構成投資組合，則該組合的風險就比較接近整個美國股市的風險。

但是，這個方法在實際應用上，仍然面臨了很多現實上的挑戰。其一，大部分散戶的投資組合，根本不可能擁有12檔股票；實際上，投資組合包含10檔以上股票的投資者的比例不超過10％。首先，對於散戶而言，擁有10檔以上的股票，無論交易成本，還是管理能力，都超過他們所能承受的範圍。其次，投資者挑選出來的股票，難以保證隨機性。基於我們對投資者行為和投資組合構成的研究，可以發現兩種趨勢：（1）在大多數投資者的組合裡，只有少數幾支股票；（2）即便有些投資者同時持有多支股票，也往往集中在某幾個板塊。這種投資方式完全可以理解，因為投資者相信自己對於某些板塊（比如高科技、房地產、快速消費品）特別瞭解，或者之前因為某種板塊獲利，故對它青睞有加。結果就是，投資組合的風險，並未得到有效分散。

其二，針對美國資本市場的研究表明，在當今全球金融體系和金融市場中，僅憑12支隨機選取的股票，已經不能夠達到充分多元化的目的。隨著經濟全球化和全球金融體系一體化日益加深，全球各個資本市場之間和同一市場的各個股票之間的關聯性越來越強，因此想要抵禦股票市場的風險水平、實現多元化投資，投資者需

要持有更多的股票。那麼，**到底需要持有多少檔股票，才能組成一個接近於市場指數的投資組合呢？答案是25～30支。**

其三，相對於持有單支股票，市場上的公募基金為投資者更加廉價、方便和有效地實現資產的多元化配置提供了幫助。我們會在後文第10章中，更詳細討論投資者應該如何利用公募基金，實現多元化的投資目標。

1/N 的簡單多元化

前文討論比較多的是，散戶的資產組合中缺乏多元化。值得一提的是，這種弊病並不只存在於他們的股票帳戶裡。透過對很多海外投資者的研究，研究者們發現，投資者在一些免稅或延期付稅的帳戶中——主要是退休養老金帳戶——也存在類似的問題。

透過對美國數據的研究，研究者們發現，投資者未能充分利用多元化分散風險。其中很多人甚至在瞭解多元化的好處，並且已經進行多元化的情況下，仍舊出現了我們剛才討論的問題。這是因為美國投資者在進行風險分散時，只關注資產的個數，而忽略了資產之間的相關性。有一個非常經典的例子，就是在不同公司的退休養老金帳戶中，投資者會展現出截然不同的資產配置傾向。這意味著，他們的投資決策在很大程度上，受到公司養老金計劃的影響。

如果某家公司的養老金投資計劃，為投資者多提供一些債券型基金，那麼他們就會更多地選擇債券型基金。

如果另一家公司為投資者提供更多的股票型基金，那麼他們就會購買更多的股票型基金。這意味著投資者只是簡單考慮了基金的個數，而忽略了兩種資產類別或者不同基金之間的相關性。所以，雖然投資者持有的基金商品個數和股票個數看起來不少，但多元化的效果比較差。

美國研究者發現，投資者在養老金投資過程中，遵循一種簡單的「1除以N」法則，也被稱為「1/N的簡單多元化」法則。

投資者在選擇投資標的時，往往由於不能準確瞭解各種資產的收益和風險情況，很難在不同資產中進行投資組合的最優選擇。如果給大家一萬元在股票和債券之間進行資產配置，讓大家決定買多少錢的股票、多少錢的債券，大家往往會覺得很難選擇。因為大多數的投資者、尤其是退休金帳戶的投資者，平時大概沒有時間關心下一階段的宏觀經濟形勢、利率走勢和通貨膨脹水平，更不用說預測股票和債券的風險和收益了。

那麼，他們如何做決策呢？美國的研究者發現了一個很有趣，也比較極端的現象。他們瞭解到，投資者的決策在很大程度上受到養老金投資公司所提供的備選商品的影響，這間接表明了投資者在資產配置方面，幾乎沒有任何明確的想法。

例如，美國加州大學的養老金投資計劃，給員工提供了五種不同的基金備選，其中四種是固定收益（債券型）基金，只有一種是股票型基金。研究者發現，加州大學的員工平均把34％的資金投到股票型基金，其

餘66％投到比較安全的債券型基金。同時，研究者還發現，其他公司的養老金計劃給員工提供了不同的基金種類選擇。例如，在美國環球航空公司（Trans World Airlines）養老金計劃的六支備選基金裡，有五支高風險、高收益的股票型基金，只有一支債券型基金。在這種情況下，投資者會如何選擇呢？結果顯示，環球航空公司員工的選擇，幾乎與加州大學的員工完全相反：前者選擇把75％的資產投到股票基金中，而對債券型基金的投資只占25％。當然，即便背景相同的投資者，在選擇資產配置時也會有所不同，但是這兩家公司的投資者的選擇如此迥異，恐怕很難用隨機因素來解釋。

學者們一致認同，不同公司的投資者在資產配置選擇上的差異，是因為各自養老金投資計劃提供的備選方案不同所導致的。第一，投資者顯然不是根據基金商品過往的績效、績效波動率、未來的預期，或者各個資產波動率之間的相關性來進行投資的。之所以做出這樣的判斷，是因為如果投資者關注了這些更重要的因素，備選基金的種類和數量，不應該影響他們的資產配置決定。

第二，投資者在進行多元化投資時，確實是天真地從「資產數量」，而非「資產收益相關性」的角度來考慮問題。養老金投資計劃中某種資產類別越多，投資者就越會在資產組合中配置該類資產。這就回到我們剛才提到的1/N法則，當投資者不知道如何選擇資產比例時，就會嘗試每種資產都買一點。正是由於投資者簡單地將數量——而非資產收益率的相關性——作為多元化

投資的標準，他們的資產配置決定才會嚴重受到養老金計劃中備選方案的影響，進而背離最優化的資產配置。

上述研究表明，當投資者在陌生的環境中進行決策的時候，影響決策的往往不是對經濟基本面的分析，也不是對證券收益的分析，更不是對股票和債券（或其他資產）的風險及風險相關性的分析，而是他們對於直觀的框架和容易理解的備選方案的依賴。

大家也可以反思一下，**在你自己的投資經歷中，是否也有過類似透過增加資產數目，而不是控制資產之間風險的相關性，來分散風險的？**就像前文討論過的，決策者所處的環境和語境，對決策過程和結果有非常大的影響。其實，在很多時候，我們所做的決定，已經不知不覺被環境引到了一個有偏差的起點。正所謂「差之毫釐，繆以千里」，**投資者必須時刻清醒地意識到，自己在做投資決策的過程中，最重要的原則和最需要瞭解的事實是什麼。**

放眼全球，國際市場多元化

到目前為止，我們討論的「風險分散」都局限在一個國家。如果從全球投資的角度來看，更重要的是在各種不同的國際市場之間進行多元化投資。

關於這點，很多投資者可能感受不深，但是歐洲許多小國的投資者卻有切膚之痛。他們所在的國家面積不大，產業也集中（比如在芬蘭的赫爾辛基交易所，諾基亞一支股票的市值曾占到交易所總市值的一半左右），

所以為了分散地域、產業、宏觀經濟形勢的風險，當地投資者一直試圖尋求在國際資本市場上進行多元化投資的機會。

即便對於中國這樣的大國，全球化投資和分散風險也是非常必要的。中國很多投資者想必還清楚記得，2007年A股市場憑借井噴式的行情和表現，名列全球20大股市之首的光榮歷史。然而，2008年之後，雖然中國的經濟增長速度遠遠高於世界其他主要經濟體，但股市的表現卻排在全球倒數第一，近幾年的表現甚至遠遜於逼近財政懸崖的美國股市、屢受主權債務危機困擾的歐洲股市，以及面臨人口嚴重老化和財政困難的日本股市，這引起不少中國投資者對國際多元化投資越來越大的關注。

作為一個全球投資者，應該如何選擇投資組合、進行風險分散呢？是買美國公司的股票，還是買中國公司的股票？是買歐洲的債券，還是買拉丁美洲的債券？

在全球投資領域，各個國家有不同的指數代表全球資本市場的走勢，其中最有名的兩個分別是美國摩根士丹利公司創辦的MSCI全球綜合指數，以及由英國富時集團創辦的富時全球指數（FTSE）。這兩個指數由全球資本市場中有代表性的股票組成，而這些股票占到了全球可流通的市值的85％～90％，因此基本上能夠反映全球資本市場的趨勢。世界上很多基金公司，都推出了和這些指數連動的指數型基金或ETF，方便投資人在世界範圍內進行多元化投資。隨著金融科技的發展，某些基金

公司現在已經把這些指數型基金或ETF的管理費用降低到1‰，大大方便散戶以低成本進行多元化的資產配置。

中國已經有幾家基金公司，推出一些以海外市場為標的的指數型基金和ETF（如國泰納斯達克100、南方標普500ETF）。如果投資者非常關注國際資產配置，也願意承擔稍高一些的交易成本，可以透過持有主要國際資本市場指數型基金（美國的標準普爾500、日本的日經225、歐洲的富時100指數），達到國際範圍內的資產多元化配置。但筆者不推薦中國投資者使用香港的恆生指數，因為其成分股中有很多是來自中國大陸的企業，或者和大陸經濟高度相關的企業，不能發揮分散風險的作用。

全球化投資，意味著各個國家持有的投資組合應該是類似的。具體而言，組合中本國股票所占的比例，應該與該國股票市場總市值占全球市場總市值的比例一致。例如，阿根廷股票市場總市值占全球市場總市值的比例為0.1％，那麼阿根廷的投資者所持有的投資組合中阿根廷的股票所占的比例也應該是0.1％。但我們發現，實際上在阿根廷民眾的投資組合中，本國公司的股票占到了投資總額的82％。

這個比例在大多數國家中，基本上都保持在80％～90％，而印尼是99.9％，印度則高達100％。在發達國家中，這個比例也很高，如美國是82％。如此高的比例，意味著投資者把本應分散投資在全球各地的資產，集中投資在本國的資本市場。比例相對較低的往往是歐洲國家，尤其是歐洲發達國家，比如：英國是65％，奧地

利、比利時、丹麥、德國、義大利等國的比例在50％～60％，這說明這些國家的投資者把一半左右的資產，都投到了本國以外的市場。

日本的這個比例也比較低，為59％，這在過去15～20年發生了重大變化。雖然日本長期以來都是一個開放的經濟體，但是在1980年代，日本投資者把超過90％的資產都投到了本國市場。這一方面反映了日本投資者對本國資本市場的忠誠和對海外市場的陌生，另一方面也反映了他們對本國市場不切實際的樂觀和自信。隨著日本股市和房地產泡沫的破裂，日本股市的表現大大低於同期國際資本市場的平均水平，於是日本投資者也在過去15～20年轉變了投資理念，將超過1/3的資產投到全球資本市場。由於海外投資的「賺錢」示範效應，吸引了更多日本投資者投資海外市場，在一定程度上造成本國資金分流，進而導致日本從1990年起進入經濟和股市的蕭條階段，被稱為「失落的二十年」。

投資者為什麼會選擇把大量的資金，投到本國或本地的資本市場？我們相信，除了「熟悉」這項因素在發揮作用，資本管制因素也發揮了作用，即本國的資本被禁止進入國際市場，如印尼就是其中的典型。不過，在台灣，雖然沒有資本管制，但投資者投資於本地股市的比例也是很高的。在香港，同樣也沒有資本管制，投資者投資於本地股市的資金比例也高達80％，其中一個原因是全球化投資交易成本過高。在台灣和香港市場中，由於缺乏發達而廉價、知名的相關ETF或指數型基金，

投資者進行國際化投資的熱情就沒有那麼高。

最近，有很多關於新興市場的說法，比如金磚國家的「含金量」會不會在今後逐漸下降？一方面，大家開始把資金撤回美國這種比較安全的地方；另一方面，投資者開始追逐那些比金磚國家更前沿的國家，例如印尼、馬來西亞、巴基斯坦、越南、土耳其。除非是專業人士，否則大多數的一般投資者，很難準確判斷下一階段的趨勢。因為受到資本管制、熟悉程度和交易成本的限制，很多國家的投資者的投資組合都是欠缺多元化的。**從全球化的角度來講，國際市場投資是幫助投資者享受經濟全球化、全球金融體系一體化成果的最好方式。**

投資者的朋友

08
從容選股

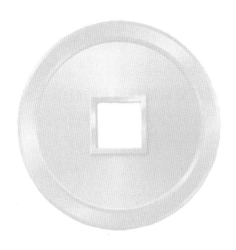

散戶的投資決策，在很大程度上會受機構投資者、上市公司和媒體影響。因此，有些基本面非常好的公司，僅僅由於宣傳力度不夠而被投資者忽略；相反地，有些公司即便在財務方面存在問題，但只要與媒體保持良好關係，這些負面消息就會在一定程度上被隱瞞。

不明智的選股
基於股價和交易量選股

　　研究表明，**散戶喜歡買入下列兩類股票。第一類是股價達到歷史新高或新低的股票。**究其原因，首先，股價是大家在日常生活中最常接觸到的一類訊息，無論是透過報紙、電視，還是網路。這些媒體會報導股價的高點和低點，指出哪些股票漲勢最好或者跌幅最大，還會報導哪些股票的股價，達到年內的新高或新低。其次，一支股票出現新高或新低，的確能夠反映出市場投資者對其今後走勢的預期，同時會吸引大量散戶的關注。

　　第二類是近期交易量特別大的股票。每支股票由於發行數量和每天交易量的不同，受到機構和散戶投資者的關注度也有所差異。研究數據表明，平時交易量大的股票，容易得到散戶的關注，這主要體現在散戶買入股票的積極性上。但這也引發了「先有雞，還是先有蛋？」的悖論：是因為投資者過多關注，才使得股票交易量非常大，推動股價創出新高或新低？還是因為股價創出新高或新低，或者交易量非常大，才吸引了投資者的關注？學者採用了一些統計學方法來研究這個現象，研究表明，當股票交易量變大和當股價創出新高或新低後，散戶才會開始關注，並且大量交易這些股票。

　　在此，我們還要談到一點，投資者在交易股票時，有「買入」和「賣出」兩種選擇，而影響他們做出兩種決定的因素是不一樣的。投資者做出賣出股票的決策比

較簡單，因為平均來看，常見的投資組合中只有兩支股票，多的也僅有六支，所以可以選擇的範圍較小。中國融券業務的條件比較嚴格，不能賣空的時候，投資者大都會考慮賣掉賺錢最多的那支股票。

影響投資者買入的因素就複雜多了，中國有超過2,000支股票在中國Ａ股主板、中小板和創業板上市，美國的主板市場有超過7,000支股票，如果算上海外公司在美國上市的ADR（美國存託憑證），在美國市場上市交易的股票超過14,000支。**對散戶來說，在成千上萬支股票中，選擇合適的投資標的是非常困難的，需要事先瞭解自己承受風險的能力、投資風格，以及思維模式。**但實際上，很多散戶並沒有做到這一點。他們考慮的，往往只是那幾支曾經聽說過、「熟悉的」股票。

據我們瞭解，有些基金經理人每天可能會花16個小時進行投資研究。而散戶因為忙於工作，每天用於考慮投資策略的時間不超過兩小時。由於時間有限，他們透過報紙、電視、網路獲取的資訊量遠遠不夠。而對於投資者、尤其是散戶來講，資訊是影響投資決定最重要的因素，包括買入股票的種類和時機的選擇。

基於媒體報導的交易

媒體報導是投資者獲取投資資訊的重要管道。在中國，除了央視財經頻道和第一財經頻道，各個地方台衛視節目都開始爭相推出類似的財經節目，在每天的交易時間集中報導不同的股票，或是挖掘其發展潛力，或是

對其進行特別關注。我們發現，這些受到媒體特別關注的股票或公司，也會非常明顯地得到散戶的關注和投資。這反映了散戶的投資決策，在很大程度上受媒體影響。當他們透過電視節目、新聞，聽說了某家公司後，就會想當然地認為它值得投資。然而，機構投資者就不那麼容易受新聞報導影響。機構投資者在日常工作中，可以透過電話會議、實地調研、參加公司路演等多種管道獲取信息。而散戶由於獲取信息的管道過於單一，媒體上報導什麼，他們就會相信什麼。

由此可見，**散戶的投資決策在很大程度上，會受機構投資者、上市公司和媒體影響。**因此，有些基本面非常好的公司，僅僅由於宣傳力度不夠而被投資者忽略；相反地，有些公司即便在財務方面出了問題，但只要與媒體關係良好，這些負面消息就會在一定程度上被隱瞞，進而影響投資者的投資決策。

散戶會特別關注有關股價和交易量的信息，而這些信息大多來自報紙、雜誌和新聞報導。接下來，我們介紹一下投資類雜誌和媒體對散戶的影響。

美國有很多專門推薦股票的雜誌，會為讀者詳細分析推薦的理由。我們記錄了一本知名刊物每一期推薦的股票，並與投資者的交易行為連結在一起進行研究。結果表明，散戶的投資決策會在很大程度上受到該雜誌影響，而機構投資者幾乎不受影響。這意味著，雜誌推薦的某些股票，和機構投資者的選擇沒有太大關係。

此外，研究還表明，散戶的投資行為也會因為媒體

報導時間有所差異，受到不同程度的影響。美國很多地方的報紙，都選擇轉載《華爾街日報》的文章。這樣一來，即便某則消息在《華爾街日報》上刊登，但由於當地的報紙沒有轉載，當地投資者就不會受到這條消息直接影響。例如，位於紐約的A公司，在週一公布利多消息，如果投資者居住在紐約以外的地區，則不會馬上做出反應。等到週二或週三，在地方報紙開始報導這則消息之後，投資者才會有所反應，做出相應的投資決策。綜上所述，投資者的投資選擇，不僅受到《華爾街日報》影響，更會受當地媒體影響，而且後者的影響力往往更大。

接下來要講美國一家上市生化製藥公司的案例，這個案例反映了投資者在進行決策時並沒有經過深思熟慮，而是在媒體的影響下具有隨意性，比如今天碰巧看到推薦某支股票，就買入那支股票。這也說明了投資者的決策過程不是完全理性的，因為他們沒有獲得與投資有關的完整信息，很難對整個市場今後的走勢有一個準確的判斷。

新消息，舊消息

凱信遠達（CASI Pharmaceuticals）是美國一家醫藥公司。美國很多醫藥公司，平均只有一、兩項藥品專利。專利藥需要通過動物和臨床實驗的雙重藥性檢驗，是一個漫長的過程，而實驗結果對公司股價有很大的影響。某天，該公司的股價突然上漲50％，交易量是之前幾個月平均交易量的8倍。後來，大家發現這是由於

《紐約時報》的週末版，對這家公司的一項新藥品進行了重點關注。奇怪的是，同樣的消息早在之前兩個月，已經刊登在美國各大科學雜誌中，而且《華爾街日報》也對相關發現進行了報導，但是市場並沒有什麼明顯反應。為什麼唯獨等到《紐約時報》週末版進行報導後，市場才有所反應呢？我們推測是：因為大家平時太忙了，以致忽略了相關消息，到了週末的閒暇時間，才開始對這則「舊消息」做出反應。

這個案例告訴我們，**人類對於信息的處理，非常缺乏系統性。消息的公布時間、傳播管道，都會對市場產生影響。**這在一定程度上，也佐證了投資者信息處理能力的局限。這麼多的資訊傳到市場上，透過不同管道被投資者關注。反映到股價裡，就會出現不同的波動傾向。

再給大家出一道選擇題：假設你是一家公司的CEO，你們公司在上個季度的業績很差，若你知道星期二有六家公司要公布季報，星期三有兩家公司要公布季報，你會選擇在哪一天公布公司業績？大家往往會選擇星期二，因為可以降低關注度。反之，如果公司的季度業績非常好，你應該選擇單獨公布公司季報，因為這可以最大程度地吸引投資者的關注。因此，如果公司業績差，你就希望躲避投資者的視線；如果公司業績好，你就希望得到大家更多的關注。研究表明，投資者有時的確像高管希望的那樣天真，那些和其他很多公司一起發布較差季報的公司的股票，下跌幅度確實會比較小。

基於熟悉的選股

　　投資者的行為還表現出一種規律——「對模糊的規避」。投資者本身沒有時間、精力和能力處理大量信息，而中國市場上有超過2,000支股票，美國市場上的三個主要交易所有超過14,000支股票，面對如此多的選擇，散戶又該如何決定購買哪些股票呢？通常，散戶非常喜歡買入股價最近創下新高、在新聞報導中被特別關注，以及近期交易量特別大的股票。這其實無可厚非，如果只是根據關注度來投資，沒有太大問題。這裡我想跟大家分享的是，**投資者關注的消息，往往對投資沒有真正價值。**

　　雖然投資本身是一個非常緩慢且模糊的過程，但投資者往往希望得到明確的答案——應該買，還是賣？應該今天買，還是明天買？為了做出決定，投資者便想從生活中盡可能多地獲取信息。在這些信息中，雖然有些是投資者所熟知的，但其實對於投資者更妥善瞭解公司和投資標的並沒有什麼作用。我們從下列三個方面進行討論。

　　第一種熟悉來自地域方面。在我們日常生活的城市裡，有同事、親戚、朋友和各種社交圈，我們自然可以透過他們對本地公司有更多瞭解。我們或是看到過公司的辦公室，或是去過公司廠房，或是看過這些公司的廣告，或是透過在該公司工作的朋友瞭解過它的情況。總而言之，基於這種瞭解，投資者會更有可能投資該公司

的股票。

第二種熟悉則是投資者就在某家上市公司工作，可以在日常工作中對公司的背景、業務，以及某個高管有所瞭解。在這種情況下，投資者自然會覺得自己對這家公司比較瞭解。因此，雇傭關係也會吸引一些散戶進行投資。

第三種熟悉涉及產業。如果投資者本身在高科技產業工作，就會對高科技產業有所瞭解。如果投資者從事化學產業，就會對化學產業有所瞭解。因此，如果投資者是因為自己的教育經歷，或者自己的職業發展，而對某些產業很瞭解，就更有可能購入該產業的股票。

很遺憾，**這種直觀感覺和對投資標的的感性認識，並不能真正給散戶帶來優異的投資績效**。可惜的是，很多投資者在錯覺指引下，對自己的投資越發有信心，進而做出不明智的決定，比如頻繁交易這些他們自認為十分瞭解的股票。

公司名稱

此外，我們發現，公司名稱、股票代碼，以及名稱的複雜程度，都會影響投資者購買股票的積極性。我們曾經針對美國市場做過一項研究，發現一些公司只要把名稱改成時下投資者比較追捧的名稱，即便自身基本面和主營業務狀況沒有任何改變，也會引發投資者極高的投資熱情。比如，在網際網路泡沫的時候，很多公司在名稱中加入「.com」；在1950年代電子管風靡時，很多

公司把名字改成以「-tronics」（電子）結尾。無獨有偶，
美國很多基金公司也選擇透過名稱來吸引投資者關注和
投資，例如：在網際網路泡沫時代，很多公司將名稱改
為「成長型」；在價值投資流行的時候，又將名稱改為
「價值型」。透過更改名稱，這些基金可以做到：第一，
吸引投資者關注；第二，獲得投資者認可，因為它們把
名稱改成了投資者比較認可的概念；第三，激發散戶的
熱情。事實證明，散戶買入這些股票或基金的興趣，確
實要比以前強烈很多。

　　我們在亞洲市場，也發現了一個有趣的現象，那就
是投資者對於股票代碼非常關注。比如，中國投資者喜
歡買代碼以8和6結尾的股票，而事實上市場中這類股
票也相對較多。因此，很多上市公司在上市前，會專門
做一些公關工作，為的是從交易所拿到好的股票代碼。
類似地，我們發現，在香港上市的公司股票代碼很少以
4結尾，這是因為中文的「4」跟「死」諧音，導致大家
不願意購買這種代碼的股票。結果，在散戶購買的股票
中，以6和8結尾的股票特別多，而以4結尾的比較少。
雖然股票代碼與公司基本面狀況和投資價值幾乎沒有任
何關係，但是的確會直接影響中國國內投資者的決策。

　　筆者透過研究還發現，公司名稱的複雜程度，也會
影響投資者的選擇。在中國股市中，三個字的股票比四
個字的股票更受散戶歡迎。此外，即使股票簡稱的字數
相同，名稱相對簡單的公司，還是會受到更多散戶追
捧。我們推測，這是由於散戶在處理信息或瞭解這家公

司的過程中，希望情況越簡單越好。如果看到陌生或讀起來費勁的文字，散戶購買這些股票的欲望就會下降。這是一個很有趣的現象，因為我們知道，投資一支股票，本該關注公司的基本面、業務發展潛力和獲利水準，這些都與股票代碼、公司名稱和名稱複雜程度無關，這也反映了散戶在選股時並不理性。

散戶換股的表現

和投資者擇時和選股能力緊密相關的，是我們在前文中提到的換股投資的表現。大家猜測一下，投資者在換倉後的平均投資績效是會提高、降低，還是保持不變？研究結果顯示，美國投資者在換倉後一年，其收益率會下降3%左右。如果扣除根據理性原因進行交易的成分，績效下跌幅度將為4%～4.5%。

為什麼會出現這樣的現象？拋開交易成本，投資者本身的投資能力，在換倉前後沒有任何變化，大家要從換倉的原因入手進行分析。散戶換倉，往往出於兩個極端：一是股票買入之後漲了很多；二是正好相反。這裡涉及了兩種投資策略：第一，如果股票在過去一年很賺錢，那麼它在今後一年的表現還會比較好，所以如果投資者賣掉這類股票，績效就會下降；第二，如果股票在前段時間的表現不大好，往往因為長期受到投資者冷落，而有可能在今後一、兩年有一個爆發式成長，正所謂「否極泰來」。而投資者通常只會根據股票在過去一段時間的表現決定是否賣出，忽略了對其未來走勢的判斷。

最後，筆者想跟大家分享下列兩點。第一，對於機構投資者而言，散戶的投資行為可以反映市場裡面的情緒，也可以給其他投資者提供關於市場的有價值的信息，這些信息有助於判斷整個市場能夠往什麼方向發展。第二，希望廣大的散戶能夠記住這組非常驚人的數據：**投資者在換倉後的績效通常會下跌3%，在中國這個數字是3.5%。**因此，**散戶不要輕易買股票，也不要輕易賣股票，更不要輕易換倉，因為大家在擇時和選股方面的教訓遠遠多於正面經驗。**

———————— **本章重點摘要** ————————

1. 散戶投資者往往基於關注和熟悉選擇股票。

2. 基於關注和熟悉選擇股票，容易引發羊群效應和令人失望的投資績效。

3. 換倉交易導致投資者投資收益下降。

4. 持有多元化投資、減少交易，並且只在有十足把握時交易，有助於提升散戶的績效。

09
淡定擇時

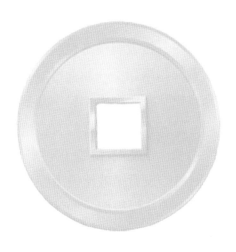

人們傾向於借助過去發生的事預測未來。如果一支股票在去年績效良好，人們往往會認為它在今年的表現也會不錯；如果一支股票在去年績效較差，人們就會認為它在今年也會較差。正是受到這種思維模式的影響，投資者經常會犯「追高殺低」的錯誤。

投資者在進行投資決策時，應該考慮資產配置的多元化：既要買一些大型股，也要買一些小型股；既要買一些高科技產業的股票，也要買一些傳統消費品產業的股票。**眾多投資者認為，多元化只是在不同地域、不同板塊的資產間進行分散化投資的一種策略，其實在投資時機的選擇上，也需要進行多元化。**有些散戶基於對把握市場能力的自信，會把所有資金在同一個時間投入市場，而有些人會分期分批地把資金投入市場。筆者透過研究發現，後者的投資績效要好於前者。

　　透過對中國國內一組大規模基金數據的分析，我們發現，基金投資者分為兩類：一類進行基金定投，即每個月拿出一部分錢投到股票市場；另一類選擇在基金商品中一次性投資。對入場時機把握較有自信的投資者，會把所有資金投到某一基金商品或股票中。研究表明，在過去五年中，前者的投資績效比後者好得多。由此我們推斷，投資時不僅要注重板塊、地域多元化，在投資時機的選擇上，也要進行多元化。為什麼？

　　因為在股票投資的過程中，選擇正確的交易時機很難。研究表明，投資者一旦錯過最好的入場時機，收益就會大打折扣。

　　根據美國基金研究機構晨星公司（Morningstar, Inc.）的報告，在過去25年裡，如果投資者一直持有美國標準普爾500指數，那麼每年的平均收益率為5.85％（不考慮分紅因素）。如果每年都恰好在最低點入市（最佳擇時能力），那麼平均收益率為6.89％；如果每年都恰好在最

投資者的朋友

高點入市（最差擇時能力），那麼平均收益率為5.02%，相差約2%（最好和最差的擇時之間有40%的差異）。

　　該報告還顯示，如果進行20年的中長期投資，投資者的平均收益率為7.81%。然而，如果他錯過了股市表現最好的10天，其長期收益率就會下降到4.14%；如果錯過了20天，其長期收益率更是會下降到1.70%。由此可見，**選擇最好的投資時機是非常重要的。**

　　美國的統計數據顯示，從投資角度來看，每年的9月和10月是最危險的，例如：1989年的股災、1998年9～10月的東南亞金融危機、2001年的911恐怖攻擊事件、2008年10月的全球金融危機等。另外，在美國，股票市場在12月表現最差，在1月表現最好，其中小型股最明顯。究其原因，一是由於稅收，二是由於散戶拿到年終獎金後，有更多的錢可用於投資股市。此外，美國股市還有「萬聖節」效應：歷史數據表明，投資者會在10月30日或11月1日清空倉位，直到第二年5月再開始建倉，因此美國股市往往在夏季表現較好。與此類似，中國A股市場在每年2月春節期間往往走勢很好，無論樓市還是股市，都有額外的資金進入市場。

　　上述這些結論並非空穴來風，都是透過準確科學的統計方法得出的，而且很多金融機構開發的量化策略，正是利用這些信息進行交易。然而，究竟如何理解這些現象，現在整個金融領域還沒有一個很好的說法。在這裡，筆者想提醒大家，人類的行為和情緒的確會影響投資績效，很多散戶都沒有意識到這個問題，所以難免會

在錯誤的時間進行交易。

　　從這個角度來講，投資者應該有充足的資金準備，以便進行時間上的多元化投資。然而，為什麼眾多散戶沒能把握住合適的時機進行交易呢？原因之一就是，人們傾向於借助過去發生的事情預測未來。一家公司如果在去年表現好，我們往往會認為它在今年的表現也會不錯。相反地，如果一支股票在去年表現差，我們就會認為它在今年也不會好轉，因此不願意進行投資。正是受到這種思維模式的影響，投資者經常會犯「追高殺低」的錯誤。

　　回顧2002－2012年黃金的價格走勢，當金價從300美元／盎司漲到1,900美元／盎司時，大家預期會漲到3,000美元／盎司，但是在短短幾個月中，黃金價格下跌了30％。美國蘋果公司的股價如雲霄飛車般，從2012年初的每股370美元漲到每股700美元左右，又很快地跌至每股420美元。中國的房價也出現過類似的情形，大家總覺得房價只要沒有遇上什麼大的下調措施，就會一直漲上去——這種想法是沒有科學依據的。研究表明，資產價格會由於民眾搶購而被迅速推高，就像股票或房地產市場，而價格過高後一般會出現大規模回測。**沒有基本面支持的投資，一定會面臨始料未及的風險，區別只在於時間早晚和跌幅大小。**

　　此外，投資者往往會對剛剛發生的事情給予更多關注，容易忽略長期的歷史規律。事實上，股票市場和投資是有自身規律的。

在1920年之後的七、八十年裡，美國股市的年化收益率為11%～12%，年化波動率為17%～8%，這意味著收益率在有些年高於12%，在有些年又低於12%。如果出現連續幾年高於12%的情況，大家預測在今後幾年，美國股市的表現可能不會繼續好下去。1990年代，是美國股市的黃金十年，道瓊指數從3,000點漲到10,000點。當時，有經驗的投資者預測，之後十年股市的表現很可能會不盡如人意。但很多投資者起初對此不以為然，認為既然股市在過去十年表現優異，加上網路科技的發展、全球一體化和金融創新，未來的表現肯定會更好，所以很多基金都把更多資金投入私募股權基金等高風險投資商品中。

事實上，到2010年，道瓊指數還是停留在10,000點，而且在2008年的金融海嘯期間，甚至跌破了8,000點。這說明了，即便在過去幾年股市表現良好，在今後幾年也不一定能夠持續下去，甚至有可能變得很差。2000－2010年這十年間美股令人失望的表現，一定程度上是對1990－2000年美股黃金十年的修正。

突破擇時困境，避免追高殺低

和投資者擇時有關的，是進出市場的集中度，以及申購和贖回公募基金的集中度。我們透過分析申購和贖回集中度的數據發現，散戶的擇時能力非常差：他們往往在股市見頂時集中進場申購基金，在股市見底的時候集中撤出；往往在股市即將走弱的時候申購基金，在即

將走強的時候贖回基金。

美國學者的研究發現，在世界股票市場中，流入和流出的資金量在時間上並不是平均分配的。比如，美國投資者在網際網路泡沫期間大量買入股票，又在網際網路泡沫破裂後大量離場；中國投資者在 2008 年上半年大量買入股票，而在 2008－2009 年股市上證綜指從 6,000 點跌到 1,600 點時，大量選擇離場。

如果能夠確定投資者集中買入和賣出股票的時間，並用交易量加權平均，就可以大致估算出他們的收益。研究結果表明，投資者往往在股市高點、上市公司估值最高時把大量資金投入股市，而在低點、公司估值最低時將大量資金撤出。所以，投資者並沒有充分享受股指上漲帶來的收益。如果用資金流量進行加權平均，就會發現投資者從股票市場獲得的真實收益，遠遠低於股票指數的收益。如此看來，股票市場給上市公司、而不是投資者創造了價值，這是散戶在選擇投資時機時，需要特別關注和避免犯錯的。

散戶會透過一些管道獲得信息，但其時效性往往大打折扣，可能滯後一週、甚至一個月。我們知道，信息在剛剛披露時最有價值，但在一、兩週後，這些消息對投資者可能不但沒有幫助，反而會有一些壞處。因為此時股票可能已經完成一輪上漲過程，並處於高位，如果根據過期的信息買入股票，投資者很可能因股票下跌被牢牢套住。因此，沒能挑選合適的時間進入或退出市場，是散戶不能獲得很高收益的一個重要原因。回想在

2007年股市上證綜指上漲到6,000點的時候，也是中國股市歷史上開戶頻率最高、開戶強度最大的時候；在2012年持續的熊市中，則是A股市場上關戶或銷戶最密集的階段。在中國，散戶的開戶或銷戶行為，是對未來股票走勢的有效預測，但是方向正好相反、是反指標。因此，只要與他們反向操作，就很有可能在中長期獲利。

　　筆者曾做過很多基於散戶投資行為的投資策略研究，並且開創了行為金融學研究的一個新方向，核心就是利用散戶的交易信息，幫助自己獲得更高的投資收益。機構投資者往往不會輕易透露持倉情況，但散戶的行為比較容易預測。散戶會在得到利多消息後追買一支股票，股價也會因此上漲，但從中長期來看，由於股價過高，其績效也會相對比較差；而當大家因為利空消息追賣一支股票時，股價被人為壓低，很多散戶因此會斬倉出場。但正是因為當時股價過低，投資於股票中長期的績效反而會相對較好。所以，散戶的擇時決定，有時能給其他投資者帶來很多有價值的投資信息。

時滯效應和羊群效應

　　我們剛才講到，投資者的行為是對市場信息做出的反應，但究竟什麼才是有利的信息呢？散戶可能會把今天的消息、昨天的訊息，甚至一、兩個月前的資訊當成一則好消息，因此進行投資。事實上，只有新的信息才會對市場產生影響，而且影響程度會隨著時間的推移逐漸降低。

舉一個簡單的例子，假設某公司在3月公布的年報中，披露去年由於經營不善而出現虧損。在消息公布後，股價往往會出現下跌。但到6月，如果還有分析師據此判斷這家公司不具有投資價值，就會被大家詬病。因此，過時的消息，可能不會引起股價波動。從這個角度來講，大家需要瞭解能夠非常有效地反映在市場上新近出現的信息。

　　然而，我們發現，很多散戶獲取信息的管道比較有限。由於他們不是全職從事專業的投資工作，往往透過閱讀新聞、看電視，以及和朋友交流等方式獲取信息。雖然他們有可能獲得準確的信息，但在時效性上會大打折扣。比如，某公司在一週前發布的利多消息，散戶可能在一、兩週之後才會得知，並據此確立投資策略。筆者透過研究美國散戶的交易紀錄，發現了一個非常明顯的現象。若某間公司公布了利多消息，投資者會在之後一週大量買入該公司的股票，這說明市場對於這支股票今後的表現，有著正面展望和良好預期。然而我們發現，機構投資者與散戶的行為，在一週之後有了顯著的區別。前者會在利多消息公布後一週，大量買入該公司的股票。而在一週之後，買入和賣出的比例，基本上回到平衡狀態。這說明了機構投資者對信息的反應程度，隨著時效性降低而減弱。後者則是恰恰相反，散戶會在利多消息公布後的一週、兩週、一個月、甚至五個月持續買入該公司的股票。也就是說，散戶的投資決策，在很大程度上受舊信息影響。

機構投資者可以透過公司路演以及和公司高管溝通獲得第一手信息，而散戶透過閱讀新聞、看電視和與朋友交流獲得的信息往往是滯後的，而且信息的準確性和時效性，在傳播過程中都會有損失。在這個前提下，我們發現了兩個重要的趨勢：一是散戶的信息來源比較集中；二是他們對同樣信息的反應趨於同質化。因此，透過觀察一些散戶的投資策略和行為，可以在很大程度上瞭解另外一些散戶的做法。這兩個趨勢也導致了我們接下來要談的羊群效應。

雖然每個散戶都在為獲得更高的收益進行研究、做決策，但若將散戶視為一個整體，他們的行為傾向是十分一致的。比如，我們發現，當有些散戶在買入或賣出某支股票時，其他很多散戶也在進行同樣的操作。因此，如果我們把所有散戶看作一個整體，就會發現，更多時候他們並不是在群體內部進行零和博弈，而是像大的機構投資者一樣，同其他機構投資者進行交易。這時，就會出現所謂的「羊群效應」。

生物學中的「羊群效應」是指，羊群會在頭羊的帶領下，不假思索地做出相似的行為。這種同質化的行為有兩個優勢：第一，可以更快發現潛在的危險；第二，可以把一些比較弱小的同伴保護在羊群中間。科學家還針對鱸魚做過一項實驗，發現牠們中間也存在羊群效應。例如，魚群會跟隨幾條領頭的魚一起游動。實驗者還發現，即便某些領頭的魚因失去方向而任意游動，魚群仍會不假思索地跟隨領頭的魚一起游動。散戶在做出

投資決策時，也有類似的傾向，通常選擇跟隨其他散戶的步伐。因此，散戶的決策過程相對比較簡單，不用實地調研，不用挖掘公司基本面的資訊，只要遵從親戚朋友和媒體的推薦即可。這就是投資領域的「羊群效應」，俗稱「跟風」。

至於這種策略能否賺錢，取決於對進場和退場時機的掌握。散戶如果能夠在得到消息後，較早進入市場購買股票，之後湧入的買盤會將股價繼續推高，形成浮盈；若能在恰當的時機獲利出場，就可以獲得不錯的績效。

但是，實際數據顯示，散戶往往缺乏這種準確掌握時機的能力。他們獲得的消息時效性較低，其他人、尤其是機構投資者，可能早已買入股票並將股價推高。比如，當公司股價在每股10元以下時，一些較早獲取信息的機構投資者和散戶，透過分析認定公司的真正價值在每股12元，於是選擇進場。隨後進場的資金，會將股價繼續推高，比如推到每股15元。此時，較早入場的投資者判斷這家公司的基本面業績，不足以支撐每股15元的股價，所以選擇拋售股票，股價隨之下跌。這時根據滯後信息、選擇在每股15元進場的散戶，就會被套住。

如果投資者的力量足夠強大，有可能在短期內，將股價炒到每股17元或18元。雖然公司基本面只能支撐每股12元，但很多選擇在15元、16元、17元進場的散戶仍抱有幻想，認為股價會漲到每股20元、甚至25元。就是在這種不切實際的幻想驅動下，很多散戶會在高點買入估值很高的股票。在2009年創業板剛剛　動的時候，有

很多公司股票的本益比都在80倍以上。但上市之後，很多公司的業績反而大幅度下滑，甚至出現虧損。於是，那些對未來股價上升抱有幻想、受到從眾心理和羊群效應影響而入場的散戶，由於已經錯過最好的投資機會，被更有水平的投資者、券商、惡意上市的公司利用，為其撤回資金做了掩護，這也讓股票失去了進一步上漲的可能。

散戶交易是最好的反指標？

席勒教授在本書的推薦序中，寫了一句意味深長的話：投資是一項反人性的活動。與此類似的是，股神巴菲特在講到自己著名的「價值投資」的理念時，總會「謙虛」地說：「我的價值投資的理念其實很簡單，無非就是別人貪婪的時候我就恐懼，別人恐懼的時候我就貪婪的逆向思維。」

「別人貪婪我就恐懼，別人恐懼我就貪婪。」短短兩句話從股神嘴裡說出來何其容易，但與散戶的思維模式和投資行為有著天壤之別。很多散戶反思自己的擇時行為時，往往會坦白說：「我在股市是別人貪婪，我要更貪婪；別人恐懼，我要更恐懼。」這種逐步加強的羊群效應，往往最終導致很多散戶在股市見頂的時候，還義無反顧地衝進市場，而當股市見底的時候，則往往偃旗息鼓，停止投資活動。也就是說，大量散戶在擇時時，很遺憾地犯了180度的方向性錯誤。

恰恰因為散戶的擇時決定，往往既不客觀，也不認

真分析市場環境和估值水平，而是觀察和跟蹤其他散戶的交易行為，導致散戶的交易活躍程度在一定程度上，被專業投資者和機構投資者當作一個判斷市場走勢的反向指標。**當散戶交易行為比較活躍的時候，往往是市場見頂、今後市場會下跌的時點；當散戶的交易行為相對比較低迷的時候，往往是市場見底、今後市場表現比較好的時候。**遺憾的是，提供這麼重要的市場走勢訊號的散戶，往往成為這種訊號的犧牲品。

──────── 本章重點摘要 ────────

1. 即使對專業投資者來說，擇時也是一個極其困難的投資選擇。

2. 羊群效應導致散戶更容易受其他投資者，而不是對今後市場走勢的客觀判斷影響。

3. 行為偏誤導致散戶有強烈的追漲殺跌的趨勢，從而導致錯誤的擇時選擇。

4. 散戶交易的活躍程度，是股市未來表現的反向指標。

5. 散戶應該持有多元化的投資組合，提前對不同市場環境做好準備。

6. 散戶應該在投資中，提升逆向思維能力。

10

基金投資切莫試試看

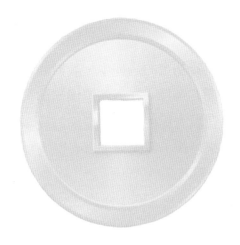

投資者必須關注扣除基金管理公司的管理、申購、贖回、信託管理等費用之後的淨收益率。如果散戶忽視交易費用對淨收益的影響，即便能夠選擇正確的基金，最終的投資收益也可能因為支付高昂的管理費用而付之東流。

很多投資者由於長期虧損，因而意識到自己確實不具備在股市裡長期投資的能力，因此轉為透過購買基金公司的商品，或委託專業投資人士替自己進行投資。

減少股市炒作，轉為基金投資，這固然是散戶令人鼓舞的轉變和進步，但是正如很多散戶在基金投資中所意識到的，基金投資非但沒有比股票投資簡單，可能還要更複雜。有的朋友說，炒股只要找到一個好產業或好公司就可以了，而基金投資還得關注基金經理人的經歷、績效，乃至變更。過去表現優異的基金，今後很可能非常令人失望。

其實，在投資基金的過程中，散戶同樣要進行基金種類和入市時間的選擇。在這些選擇面前，散戶仍有局限性和劣勢；在很大程度上，這是因為很多投資朋友將基金當作股票來炒作，與國外投資者透過基金進行多元化長期投資完全不同。

基金的過度交易

高換手率是中國基金投資的普遍現象。透過對中國國內基金投資者行為的長期大樣本分析，我們發現，中國基金的換手率遠遠高於國外。

基金管理公司會對投資者收取管理費和其他相關費用，所以短期內投資基金商品產生的交易成本，遠遠大於投資股票的交易成本。另外，由於基金公司鼓勵投資者長期持有基金（散戶頻繁的申購和贖回行為，會干擾基金的資金規模、打亂基金的投資計劃），因此對短期

內的贖回行為，收取特別高的懲罰性費用。那麼，從投資者的角度來講，就必須特別關注扣除了基金管理公司的管理、申購、贖回、信託管理等各種相關市場營銷費用之後的基金淨值收益率。

如果散戶忽視交易費用對投資淨收益的影響，即便能夠選擇正確的基金，最終的投資收益也可能因為支付高昂的管理費用而付之東流。

那麼，投資基金的成本費用大概有哪些？各類費用大概是多少呢？

基金費用一般包括兩大類。第一類是在基金銷售過程中發生的、由基金投資人自己承擔的費用，主要包括認購費、申購費、贖回費和基金轉換費。這些費用一般直接在投資人認購、申購、贖回或轉換時收取。其中，申購費可在投資人購買基金時收取，即前端申購費；也可在投資人賣出基金時收取，即後端申購費，其費率一般按持有期限遞減。贖回費在投資者贖回基金時發生，費率也往往按持有期遞減。基金轉換費在投資者於同一基金管理公司的不同基金商品之間轉換時發生。

第二類是在基金管理過程中發生的費用，主要包括基金管理費、基金託管費、信息披露費等，這些費用由基金資產承擔。對於不收取申購、贖回費的貨幣市場基金和部分債券基金，還可按不高於2.5‰的比例從基金資產中計提一定的費用，專門用於本基金的銷售和對基金持有人的服務。雖說是從基金資產中計提，但是羊毛出在羊身上，基金資產計提後，仍然反映在基金淨值的攤

薄和基金投資者收益的下降上。

比較中國與國外基金管理公司的費用水平，我們會發現中國基金投資者所支付的費用是相對較高的。

萬得資訊對中國基金產業的數據進行分析發現，在2011年，全國所有基金（包括指數型基金）的管理費率平均為每年1.23%；其中，股票型基金的管理費率是每年1.46%。此外，託管費率為平均每年0.21%。一次性的申購費率和贖回費率，分別是1.44%和0.51%。中國國內的股票型基金的管理費率基本上是1.5%，債券型基金的管理費率基本上是0.8%～0.9%，指數型基金和ETF的管理費率為0.5%～1%。

相比之下，國外股票型基金的年化管理費率大多為0.8%～1.2%，債券型基金的管理費率更是低到0.3%～0.5%。而很多先進的指數型基金，已經可以把管理費率降低到0.1%～0.2%，甚至0.08%～0.1%。

根據測算，中國散戶投資基金的年均成本率是3.5%～4%〔1.5%的管理費率，加上0.21%的託管費率，加上2.3%的申購費率和贖回費率（1.44%＋0.51%）乘以1.2倍的換手率的申購費率和贖回費率＝4.07%〕，這比國際水平1.9%～2%高出了70%～80%，比美國同期水平高出了幾乎100%，這裡還不包括透過攤薄基金淨值而發生的市場費用。從這個角度來講，中國投資者需要支付的交易費用還是非常高的。

其中，不僅主動管理型基金的管理費率大大高於國際水平，被動管理型基金也要收取高昂的費用。無論是

指數型基金還是ETF，最主要的目標都是追蹤指數。基金投資者不期望基金經理人能夠戰勝市場，所以這很難解釋為什麼中國的指數型基金和ETF的費用水平會比國外同類機構高出那麼多。

當然，這裡面確實有一些中國特有的情況。國際比較研究表明，一個國家的銀行業規模在全國經濟總量中所占的比例越大，這個國家的基金管理產業的發展規模就會越小，費用水平也會越高。可見，國際經驗也從側面印證了由於中國銀行業影響力過大，壓制了基金產業發展，影響了基金產業的利潤。**對於廣大散戶而言，必須清楚認識到基金管理費用對自己投資基金淨收益可能產生的負面影響。**

根據對中國基金投資者投資行為的研究，我們發現了另外一個影響中國基金投資者淨收益的重要因素，那就是他們頻繁交易基金的習慣。中國基金投資者持有基金的時間一般為9～10個月，每年的換手率超過100％，達到150％左右。因為基金管理費用中的大部分，都是在申購和贖回交易時發生的，所以交易越頻繁，投資者就越要支付更高的費用，從而大大增加交易成本。

為了防止投資者頻繁交易，基金公司往往會收取相對較高的申購費和贖回費。這時，投資者的高換手率會導致較高的交易成本，降低投資者的淨收益。

因此，**投資者比較明智的做法應該是：長期持有基金，以降低交易成本。**遺憾的是，我們看到，中國國內的基金投資者，好像完全無視高昂的申購費和贖回費，

仍然頻繁地交易基金，導致淨收益遠遠低於扣除費用之前的總收益。

選擇基金的誤區

除了頻繁交易外，全球的基金投資者在選擇基金時，也會犯很多與股票投資類似的錯誤。

與投資股票時所表現出來的追高殺低的行為相似，基金投資者特別看重基金商品過往的績效；他們願意申購在上一年表現好的基金，回避表現差的基金。

行為背後的道理非常簡單，在散戶對基金瞭解不多的情況下，基金的過往績效自然成了投資者最為倚重的信息。當然，散戶在做這種決定的同時，還表現出一種強烈的信念，那就是基金過去的好績效在今後一定還會持續。

美國的博彩業曾經進行過大量的研究，心理學家也在前者研究的基礎上，歸納了一種「賭徒謬誤」（Gambler's Fallacy）的行為模式。

在美國的賭場裡，通常會有一些人喜歡在賭場裡面溜達，觀察哪台角子機贏錢的概率高。這裡面又分為兩種人，一種人一旦發現某台角子機剛剛贏了錢，便會馬上坐到這台角子機前賭博，因為他們覺得玩這台角子機贏錢的可能性比較大。

另一種水平稍微「高」一些的賭客則正好相反，會選擇剛剛使賭客虧錢的角子機，認為虧錢的趨勢不會一直持續。

體育界中的「順手效應」和這種心理類似。在美國NBA的分區決賽或總決賽中，很多球都會傳給三分投手。如果一個球員在比賽中發揮很好、「手風」很順，關鍵球就會讓他來投，這跟剛才說的角子機的例子非常類似。

　　下列這個例子更為極端。我們用圓圈（正面）和叉號（反面）代表投硬幣的結果，得到以下紀錄。

　　第一種是兩者交替出現，而第二種都是圓圈。這兩種情況，哪種發生的可能性更大？假設硬幣完全均勻，我們進行一下概率計算就知道，第一次得到正面的概率是1/2，第二次得到正面的概率是1/2，第三次得到背面的概率還是1/2……，因此從理論上講，出現上面兩種情況的概率是一樣的。

　　但是，大家在心理上覺得這兩種情況哪種更可能發生？根據心理學家在全球進行的實驗發現，人們普遍覺得第一種情況更可能發生。

　　筆者想利用這個極端的例子，跟大家分享兩個想法。第一，人們對直觀而且容易處理的形象信息過於關注。第二，人們往往會忽略概率論中的大數定理。概率的確是一種規律，但這是建立在大樣本基礎上的，人們卻往往希望大概率事件在隨機的一次嘗試中出現，這是非常不切實際的。而且一件事情發生的可能性，經過某

些情況之後依然不變，但是人們對今後某些事件發生的概率預期，卻很有可能根據過去剛剛發生了什麼而改變。

上述這個例子，還說明了很多投資者對概率的理解是有偏頗的。概率是當實驗重複足夠多次數的情況下獨立事件發生的比例，並不能保證事件每次都會發生。對於任何一次獨立觀測，發生概率基本上是沒有差別的。從心理學的角度來看，沒有足夠的證據表明，如果球員今晚一直表現得很好，他最後一顆球就一定會投得很好。

按照這樣的思路，投資者可能猜想到，根據過去的投資績效進行基金選擇，並不能夠保證未來也能獲得優異的投資績效。我們的研究，也證實了這種猜想。

美國傳奇基金經理人的神話

在美國投資界，有一位大名鼎鼎的公募基金經理人——威廉·米勒（William H. Miller）。他在很長的時間裡，都被美國投資界認為是一位和巴菲特齊名，甚至在某些方面超越巴菲特的投資大師。

米勒供職的美盛資金管理公司（Legg Mason Capital Management），曾是美國最大的資產管理公司之一。*該公司創立於1899年，曾是全球第15大資產管理公司，管理規模超過6,000億美元，相當於中國國內所有公募基金管理規模的總和。這家基金管理公司因為規模大、歷史悠久、對市場有影響力，所以公司股票曾是標普500指

---

* 2020年7月已被富蘭克林坦伯頓收購。

數的成分股。

米勒的投資績效好得驚人。他的傳奇之處在於：從1991年到2005年的15年間，他所管理的基金每年的淨收益，都能超過標普500指數。這在統計上有多大的可能呢？不是50％，而是50％的15次方，等於1/32768，這在統計上幾乎不可能。事實上，除了一支基金可以連續6年跑贏大盤外，在同一時期，美國沒有任何一支其他基金可以連續8年、10年或13年做到這一點。

在美國，二、三十年前大概有兩、三千支基金，現在可能至少是四、五千支，包括股票型和債券型的，在這麼多支基金裡，只有一支基金可以連續15年跑贏大盤。中國基金業從1997年到現在，沒有任何一支基金可以在15年裡每年都跑贏大盤，即使鼎鼎大名的王亞偉，也沒有做到。米勒因此被評為整個1990年代最偉大的投資人，甚至有不少投資者認為，他才是歷史上最偉大的基金管理人。美盛公司也破例允許他擔任他所管理的基金的董事長和總經理，而且可以收取績效提成，保證了他的收入與他優異的績效連動。因此，米勒的收入，遠遠超出業內其他公募基金經理人。

然而，自2005年以後，米勒的神話被打破了。除了2009年之外，他所管理的基金，每年都「成功」地跑輸了大盤。特別是2007－2008年的金融危機階段，米勒終於坐不住了。2008年，他抱持自己的價值投資理念，認為金融股和地產股在金融危機期間被大大低估了，所以大規模加倉，但之後的績效非常不如意。2008年，標普

的指數損失了37％，米勒管理的基金損失了55％，大大低於大盤表現。米勒擅長價值投資，他所投資的金融類、消費類股票，在過去五年平均每年損失9.6％，從2009年起一直跑輸大盤。由於市場變化和投資者贖回，他所管理的基金規模從2007年最高時的210億美元，縮水到2011年的28億美元，讓眾多投資專家跌破眼鏡。由於2005年以來令人沮喪的績效和基金管理規模縮水，2011年底，米勒退休了。

　　一位連續15年跑贏大盤的成功基金經理人，怎麼會突然連續跑輸大盤？一位如此傳奇的基金經理人，為何會突然喪失了自己的魔力？這個案例可以幫助讀者解讀基金的績效構成——關於這一點，我們將在後文中談到。

　　米勒有一點做得很好：他對自己的成就，有非常清醒的認識。這一點很不容易，這也是很多國內的投資者和基金經理人還沒有完全意識到或不願意承認的。他說：「我的所謂的『連年跑贏大盤』的傳奇，主要是因為日曆效應，是因為每年的年底在12月結束。如果每年的年底不是在12月結束，而是在11月底結束，我早就沒有連續跑贏大盤的績效了。歸根結底，是因為幸運，即使不是100％幸運，也有95％的幸運成分。」

風險、風格、技巧和運氣

　　接下來，我們來探究基金的收益從何而來，以及廣大的基金投資者應該如何正確看待基金收益這兩個問題。只有弄懂了這兩個問題，投資者才能避免重複同樣的錯誤，

才能複製過往成功的經驗，將好的績效保持下去。

　　總而言之，收益主要來自四個方面──風險、風格、技巧和運氣。

風險

　　筆者再舉一個例子，筆者的岳母是一位出色的散戶，她在2007年買入了中郵核心優選，在2010年又買入了華商盛世成長這兩支基金，取得了不俗的績效。這兩支基金恰恰都是各自年度裡表現優異的公募基金之一。在對這兩支基金進行了一番深入分析之後，筆者發現，中郵是2007年績效最好的基金之一，但2008年卻名列倒數十名之內。華商盛世在2010年表現非常好，但在之前兩年的績效卻非常差，至少排在最末的25％之內。為什麼會出現這種情況？

　　根據媒體報導和基金持倉披露，中郵核心優選傾向於配置高成長、高配送、多題材的股票。恰巧2007年是大牛市，由於高風險和高收益的對應關係（資本資產定價模型，三位金融經濟學家因此模型共享了1990年的諾貝爾經濟學獎），一支股票的系統性風險越大，它的收益就應該越高。這項法則也適用於基金和投資組合。一支基金，雖然它的風險可能非常高，但如果趕上一個好年景，大盤漲10％，它就漲20％，大盤漲100％，它就漲200％；但是換一個壞年景，大盤跌5％，它就跌10％，大盤跌20％，它就跌40％，也不是不可能。

　　這並不是什麼投資技巧，而是風險。換言之，**這**

221

10
基金投資切莫試試看

就是「槓桿」，一種對市場風險的高槓桿。績效好的時候，基金經理人能夠獲得高額獎金，基金能夠得到投資者的認可和申購。績效不好的時候，大家偃旗息鼓，靜待投資者忘卻這一段歷史。

基金經理人績效好的年分，公司會大規模地宣傳他的績效。但很多人可能不知道中郵核心優選也有過排名墊底的時候，此時公司不會聲張。正如我們曾經討論的，人類會出現選擇性遺忘和信息處理上的選擇性偏誤。**對於那些盲目相信過往績效的投資者，如果不能正確看待不同基金在風險上的差異，那麼很有可能非但不能獲得更高的收益，還會因為股市的調整而承受更多的投資損失。**

首先，如果基金是因為承擔更多的風險而獲得收益，那麼這個收益是不可持續的，因為基金經理人雖然可以控制風險，但是不能控制市場走勢。

其次，任何因為承擔風險獲得高收益的投資者和基金管理人，都是不應該受到鼓勵的。導致上一次全球金融危機出現「大到不能倒」現象的，正是這種風險與收益的不對等。

企業高管、投資銀行、交易員、對沖基金、保險公司和公募基金經理人，正是在明白了這個道理後，過度承擔風險。在經濟景氣的時候，賺取大把的獎金和股權獲利；在經濟蕭條時，卻把風險和成本都轉嫁給股東和納稅人。這個現象在投資銀行的自營部門體現得尤其明顯，交易員在進行高風險交易時，自己可獲得所賺交易

利潤的10％作為獎金，虧了錢卻由政府概括承受，這是很可怕的事情。無論從中國、還是從全球的角度來說，我們生活在一個人類歷史上非常特殊的時代，過去三十年整個金融體系內流動性的高速增長，是人類歷史上前所未有的。正當人們逐漸忘卻上一次出現的泡沫、滯脹和大規模金融危機時，一定要記住巴菲特說的這句話：「退潮時，你就知道誰在裸泳了。」風險，其實可以解釋很多金融市場中的現象。

以上，就是基金收益來源的第一要素——風險。

風格

接著，講一下投資風格。譬如，王亞偉喜歡買小盤股、*重組股。**有「傳奇投資大師」之稱的美國富達基金公司明星基金經理人彼得·林區（Peter Lynch），喜歡買高成長的股權；巴菲特喜歡買消費品、價值型股票，同時喜歡透過對董事會的控制提升公司的治理結構，擠出公司每一分錢的利潤。巴菲特持有可口可樂、眾多保險公司和《華盛頓郵報》的股票，而且都是在公司本來業績還不錯的時候買入的。但是，他沒有把業績分紅配給其他股東，而是作為大股東力求提升公司的治理結構，進而推高股價和提升股東回報。總之，每個投資者，都有自己的投資風格。

＊ 小型股；中小市值上市公司。
＊＊ 透過改變股份結構和組織結構，重新調整業務以提升競爭力和價值，經歷重新組織、重新整合的股票。

在公募基金中，大家可以透過基金名稱對其風格有大致瞭解，主要包括大型股、小型股、價值、成長、各個板塊、消費、農業、能源、可持續、醫藥。這些風格，究竟有什麼意義呢？

不同風格、板塊的股票，會有不同的走勢。如果現在環保題材非常火紅，那麼環保類基金的績效就會普遍非常好。之前茅台、五糧液受到熱捧，就是大消費的概念所致，那時所有重倉消費股的基金或以消費板塊為主的基金，表現都非常好。因此，**投資基金就要找到表現良好的產業**。也有一些投資者基本上是守株待兔，買入某產業的股票後會一直持有，直到這個產業變成天鵝。每個投資者都有自己的風格，每個基金經理人也都有自己的風格。

很多分析師也是如此。許多外資投行銀行家和中國首席經濟學家都是筆者的好友，其中不乏二十年如一日看空中國經濟的「空軍司令」。他們一直錯誤地認為，中國經濟是沒有希望的，中國樓市是有泡沫的，中國政策是錯誤的。

當然，還有更多的經濟學家和股市專家，不論是上證綜指在6,000點還是在1,000點，都深信中國的經濟和股市還是有很大發展前途的。只要經濟和股市處於波動，每個人對於漲跌的預測都會有50％的正確率。所以，從這個角度來講，投資者的風格可以決定他的選擇、甚至投資績效，但是不能決定他預測的準確性，也不代表他真正知道第二年會發生什麼情況。

可見，投資風格在一定程度上，是由基金管理人主觀決定的。如果他保持一成不變的風格，比如管理一支消費類型的基金，那麼他的績效就會受到消費產業嚴重影響，甚至產生劇烈波動，那麼他是否應該因為績效波動而領取高薪呢？

在中國，很多取名「大盤精選」的基金投資的都是小盤概念股，很多取名「價值型」的基金其實大量投資於成長型股票。這意味著中國基金的名稱與其投資標的沒有任何關係，甚至背道而馳。還有一些基金雖然改變名稱，但是不更換基金經理人，有換湯不換藥、舊瓶裝新酒之嫌。

這種做法是很難忽悠機構投資者的。很多機構投資者會透過分析基金的績效和走勢，辨識基金的真正投資風格和重倉的股票。如果基金的名稱和風格，能夠準確反映基金經理人真實的投資風格，我們會發現，不同類型和風格的基金，會同時向不同方向移動。這種共同的走勢，反映的就是它代表的風格。

很多金融服務公司會根據投資者的需求，創造不同風格的指數型基金或ETF。如果投資者想買成長型股票，公司就會量身訂製一支成長型股票基金，這支基金基本上會追蹤所有的成長型基金。如果只是因為一種風格導致贏利或虧損，基金經理人不會負有太多責任，尤其是指數型基金的基金經理人，因為他們的職責不是跑贏大盤，而是盡可能忠實地反映他所追蹤指數的動向。

基金經理人一旦形成一種風格，想要改變往往很

難。於是，美國的基金公司想了一個好辦法，即更改基金名稱。在過去二十年裡，美國有很多基金公司透過更改名稱，從一種風格變成另外一種風格，最常見的就是從小型股基金改名為大型股基金，或者相反。從風格上來講，有很多更名是由原先的價值型基金更名為成長型基金，或者相反。這在美國很常見。

　　基金往往會根據風格和產業表現更改名稱。比如，在1997－1999年網際網路泡沫期間，很多原來以價值型命名的基金，紛紛改為以成長型命名，因為當時投資者對於高成長型企業非常關注。同時，在網際網路泡沫膨脹的過程中，更有吸引力、成長更快的是小型股，所以很多基金都把自己的名稱改為小型股基金。無獨有偶，我們發現，在經濟不好的時候，考慮到投資者可能會更認同價值型股票或大型股，很多基金集中把自己的名稱從原來的小型股、成長股，改為大型股、價值股。

　　以投資者對於更名後基金的關注和認可程度來衡量，這種做法其實是非常有效的。我們發現，基金公司更名以後，即使在其投資風格並沒有明顯改變的情況下，資金也明顯流入。投資者選擇把更多的錢，交給他們所認可的風格的基金來管理，但其實這些基金有可能並不是真正按照這種風格進行投資。

　　這很好理解，因為決定基金風格的人是基金經理人，只要基金經理人保持不變，無論基金名稱如何變化，其風格也不會有明顯改變，進而投資收益也不會有明顯改觀。基金其實只是利用更改名稱作為一種市場宣

傳手段，以吸引更多投資者的資金而已，並不一定會創造更高的收益。

由此可見，基金經理人的風格，會影響基金的投資績效和散戶的認可程度。**作為散戶，重要的是真正瞭解基金風格，在此基礎上，對投資績效進行衡量與比較。**

技巧

如果在控制了投資風險和投資風格這兩個變數後，仍然發現某支基金有可持續的良好績效，就說明了這個基金經理人真正具有出色的投資能力和技巧。什麼意思呢？

我們先做一項很簡單的分析。假設某支基金的年內收益率是20％，我們先來關注基金的風格，如果它是一支小型股成長基金，我們可以把整個市場中的小型股和成長股形成一個組合，觀察組合的收益率是否能夠達到20％。如果組合收益率達到21％，說明了在給定的風險和風格之下，這支基金其實並沒有跑贏自己的相對基準。這也是為什麼海內外關於基金的眾多研究都表明，在充分考慮了基金投資的風險和風格之後，整個基金產業和處於平均水平的基金經理人的績效，並不能夠跑贏大盤。

等到小型股和成長股整體表現比較差的時候，這支基金的表現也會明顯弱於大盤。那時投資者可能才會意識到，之前的高收益並非源自基金經理人的技巧，只不過是他所投資的風格，正好與市場走勢相同而已。除了有些基金能夠準確、積極地進行投資風格的調整之外，

其他大多數堅持自己投資風格的基金，都會不可避免地
受到其所追隨的風格表現影響。

現在，有很多第三方機構會提供相關數據，幫助投
資者更加清楚投資標的的風險和風格，這對投資者來說
很重要。投資者在比較收益率分別為20％和12％的兩
支基金的基金經理人的能力時，要充分考慮他們承擔的
風險和所具有的風格，不能只是關注基金的總收益。其
實，只有在控制基金的風險和風格之後，投資者才能準
確衡量不同基金經理人真正的投資能力。

運氣

最後，我們就來說說基金收益來源的第四項要
素——運氣。很可能某支基金去年績效好，就只是因為
運氣好，但是這種運氣不會一直持續下去。前文也看過
中國國內的案例，並理解沒有一支基金可以持續跑贏大
盤，美盛公司的例子也說明，即使有的基金可以持續跑
贏大盤15年，也不代表今後15年仍會有同樣出色的表現。

和上述三項因素不同，運氣最大的特點，在於它不
可預測，也不可重複。有可能今年福星高照，明年晦氣
十足；有可能今年表現優異，明年差強人意。不正確瞭
解基金投資收益的來源，只透過關注過往績效，投資者
是很難獲取優異收益的。

筆者的研究團隊，把中國國內每年排名前十的股票
型和混合型基金挑選出來，觀察它們在第二年是否依舊
有優異表現。五年的結果表明，在五十支排名前十的基

金中，只有三支可以連續兩年躋身前十。**以概率來講，優異績效可持續的概率不到10%**。儘管這個比例比零高出很多，但大多數投資者在知道這個事實後，可能就不會用歷史績效作為選擇基金的主要標準了。

與此同時，自1970年代就有美國學者和金融從業人員做過類似的研究。美國的研究採用了一年、三年、五年，甚至十年的數據，來評估基金過往的表現。例如，有研究用基金在1960年代的績效預測其十年後的績效，用1970年代的績效數據預測其在1980年代的表現，以此類推。但遺憾的是，**幾乎沒有證據能夠表明，基金在前一段時間的績效，能夠準確預測下一段時間的績效**。

散戶如何進行基金投資？

目前，散戶往往選擇購買主動型或積極型基金，希望自己所選擇的基金商品不僅能夠跑贏市場，而且能夠帶來超額收益。透過前文這些分析，筆者希望投資者知道，基金公司其實只是給投資者提供了一種相對便利和廉價的多元化投資手段。作為服務的提供商，它們也會收取管理費用。

很多基金投資者在做選擇時，往往忽略了兩個重要的事實。

第一，基金公司作為一個整體，它的績效是不能跑贏大盤的。國外有很多研究，包括筆者對中國數據的研究，都證實了這一點。即便在扣除了管理和其他相應的費用之前，基金公司的平均績效，也不能顯著跑贏大

盤。這意味著普通投資者挑選的基金的表現，很可能與大盤表現幾乎相同，而這是很多投資者都沒有關注到的一個事實。

原因其實很簡單。假如市場上沒有散戶，也就是所有散戶都把錢交給基金公司管理，那麼所有基金所持有的就是市場組合，產業的表現也就應和整個市場相同。

這裡面可能有兩個值得討論的問題。

首先，從投資能力來講，基金公司的投資能力肯定比散戶強，這就意味著基金的收益在同一市場保持一致的同時，還能賺到一些額外的收入，那就是散戶在交易中賠掉的錢。正是這部分的額外收入，可以提升基金管理公司的投資收益。

其次，大家必須意識到，公募基金公司在投資時，會受到比散戶更多的限制。比如，散戶可以根據市場狀況選擇空倉，也可以利用股指期貨和期權進行對沖交易。但是對於公募基金，無論是債券型、股票型還是混合型，都面臨比較嚴格的資產配置要求。例如，股票型基金中持有的股票在整個資產規模中的比例不能低於80％，混合型基金規定股票在整個投資組合中的比例不能低於65％等等。在諸多限制下，我們可以想像，如果整個股票市場大幅下跌，對於一支持有80％股票部位的股票型基金，或者一支持有65％股票部位的混合型基金來說，即使基金經理人的能力再強、技巧再高超，他所掌管的基金商品的績效，也會隨著股市下跌而大幅下滑。因此，公募基金商品在很大程度上，會受整個股市

的走勢影響。

關於管理費用，從投資者的角度而言，自然希望越低越好，而從基金公司的角度來講，則是恰恰相反。這也引發了不少關於基金費率的討論。很多投資者認為，基金公司每年從他們手裡收取的管理費用超過數百億元，但最終自己非但沒有賺錢，反而隨著市場下跌蒙受了很多損失。

第二，就是投資者希望透過投資基金商品最終達到什麼目的。筆者認為，基金管理公司、基金商品給投資者提供的，其實是一種廉價、便捷，而且相對多元化的投資管道。有了基金之後，投資者就可以不用再花很多時間和精力進行投資，可以將其委託給專業人士。

筆者認為，如果投資者意識到自己為了進行多元化投資就必須支付一定的費用，他們就會有兩個清醒的認識。其一，透過基金公司來戰勝市場，這是一個不大現實的想法——關於這點，我們已在前文中反覆強調。其二，為了獲得更高的收益，投資者不僅要關注某家基金公司是否有能力戰勝市場，還應該重視如何降低交易成本，從而提高自己的淨收益率。

投資者能否正確選擇基金投資，牽涉到投資者能否選擇正確的基金管理公司、正確的基金經理人，以及在正確的時間點進出市場等問題。

根據針對國際和中國市場的大量研究，其中也包括筆者的研究，我們發現投資者在選擇基金的時候，也會重複在選擇股票時犯的各種錯誤，這也導致了他們在投

資基金的時候，沒能獲得期望的高收益。

　　前文講過，投資者應該減少或放棄投資於積極的基金商品，將資金更多地用於投資相對消極的被動型基金商品。**在選擇基金商品的時候，筆者也鼓勵投資者選擇相對消極、被動管理的指數型基金或ETF。**這一方面可以幫助投資者在市場中的不同板塊多元化投資，另一方面，由於ETF和指數型基金的管理費用相對低廉，也可以幫助投資者節省部分交易成本，保證投資者在長期獲得一個比較高的淨收益。很多基金投資者會對自己選擇基金的能力和投資收益盲目樂觀，這種過度自信是散戶投資者很容易犯的錯誤，具體可以參考前文關於投資者行為的章節。

　　投資者往往傾向採用曾經比較成功的案例和一些個案，試圖預測並證明未來市場大體的趨勢。但筆者在國內外的大量研究中發現，長期來看，**一般投資者並不具備挑選優質基金的能力，甚至就連基金經理人也不具備長期戰勝市場的能力。**歷史數據顯示，只有非常少的基金經理人能夠持續戰勝市場。因此，**散戶只有透過充分、廉價的多元化投資，才能保證自己的投資淨收益，至少可以與大盤表現持平。**

定期定額，基金定投

　　在選定合適的基金後，投資者應該在什麼時候進行投資呢？無論是個股還是基金投資，很多散戶的習慣是「滿倉」、「All in!」，即看到認為合適的機會就百分之百

投入。

　　正如前文分析過的，無論購買股票還是基金投資，擇時其實都是一種非常艱難的選擇。那麼，如何在波動的市場中，選擇合適的時點進行投資呢？答案是多元化分散風險。

　　大家可能會問：針對選股，我知道應該多元化分散風險，選擇不同產業、特點、地域的股票，但是在投資時點上如何多元化呢？答案就是：基金定投。

　　基金定投就是定期定額投資基金，是指在固定的時間（例如：每月8日），以固定的金額（例如：500元），投資到指定的開放式基金中，類似於銀行的「零存整付」的方式。根據筆者對中國基金投資者的研究，進行基金定投的基金投資者，在一段比較長的時間內，是中國A股市場裡投資績效最好的基金投資者。**定投投資者的基金投資績效，要遠遠超越那些積極選擇基金和積極買賣基金的投資者。**

　　定期定額為什麼會給投資者帶來相對優異的績效呢？首先，定投機械式的多元投資時點限制，回避了散戶頭腦發熱地在市場見頂時滿倉殺入，而在市場見底時對市場避之不及的羊群效應。其次，定期定額保證投資者在市場高位時，相應減小投資份額和風險部位，有效控制了風險，而在市場低位時更積極建倉，為今後市場的上漲布局，真正有效地體現了巴菲特所說的「別人貪婪的時候我就恐懼，別人恐懼的時候我就貪婪」的價值投資的精髓。

因此，如果投資者不能擁有料事如神的水晶球，不能對市場大勢進行準確判斷，那麼有組織、有紀律地在不同時間逐步累積投資，就能抓住市場上的機會，同時避免集中在某一時點操作，從而避開在那個時點市場集聚的風險。最後，定期投資這個投資概念，不但對於股市投資適用，對於銀行理財商品投資、調控週期中的中國房地產市場投資也同樣適用。

本章重點摘要

投資者的朋友

1. 很多基金投資者的交易過於頻繁，申購費和贖回費等成本費用會嚴重侵蝕績效。

2. 基金投資者也容易追漲殺跌，重倉過往績效好、但基金價格居高的基金。

3. 基金績效受組合風險、投資風格、基金經理人能力等因素影響，優異績效的持續性較弱。

4. 散戶適合主要長期定投管理費用較低的指數型基金和ETF。

11

停損，停損，停損

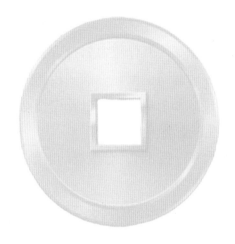

人類天生就有一種規避損失和負面結果的傾向。專業交易員最成功的一點，不在於制定多好的策略，而在於控制損失和風險。雖然投資者從感情上很不情願「割肉」，但是如果不這麼做，可能會在下一年遭受更大的損失，並喪失買入優質股票的機會。

人類天生傾向與思維框架

前文討論了很多關於如何幫助投資者選擇更好的投資機會，或者回避高風險的投資機會，但沒有討論投資者應如何面對自己已經做出的投資決策。本章主要討論投資者應如何面對自己已經做出的投資決策，尤其是如何面對投資損失。正如2002年諾貝爾經濟學獎得主、行為經濟學奠基人康納曼所觀察到的：「一個不能在受損時保持心態平和的人，很可能做出那些結果難以接受的投機行為。」

那麼收益或損失，為什麼會對投資者的判斷和決策產生影響呢？在討論這個問題之前，我們先繼續討論一下人類的思維模式和思維框架，以及它們可能會對散戶的投資行為產生的影響。

首先，問大家一個問題：什麼樣的老鼠有兩隻腳？

答案是：米老鼠。

另一個問題是：什麼樣的鴨子有兩隻腳？

答案是：所有的鴨子。

經常有人回答：「唐老鴨」，這就是之前講的「快思考」和「慢思考」。如果先問什麼樣的鴨子有兩隻腳，幾乎所有人都會說所有的鴨子都有兩隻腳，但因為筆者之前先給大家挖了一個小陷阱，把大家大腦的思考帶到了迪士尼這個魔幻世界，所以很多人即使沒有說出來，腦子裡也肯定閃現了一下唐老鴨。這說明了一個人在什麼樣的語言環境、決策環境，就會做出相應的決定，這

不是一個孤立的決策過程。

　　因此，你在決定是否去買一家公司的股票時，會受到今天這家公司是不是被某個名嘴或老師強烈推薦、今天這家公司是不是公布了一則消息、今天這家公司的股票是不是創出了新高或新低，以及是不是在某些場合有人告訴你，這家公司的產品行銷做得特別好等訊息影響。在做決定的時候，雖然有很多信息並不能真正幫助投資，但我們都會非常仔細地考慮，可見思維框架很重要，人們往往會在考慮具體問題的時候，落入一個錯誤或不合適的思維框架。

　　思維框架一旦形成，調整起來是很困難的，我們往往很難自己跳出這個框架。因此，**人在做決定時，會出現錨定效應。**也就是說，因為我們受到自身思維框架的限制，往往沒能做出更積極、更正確的決定。就像我們在第5章討論的那個例子，假設你從朋友那裡得到了一個價值200元的禮物，這個禮物無論是以現金的形式存在、以演出票券的形式存在，還是以花瓶的形式存在，價值都是200元。但根據我們之前的實驗，不同形式的200元，對我們的行為影響是不同的。獲得200元禮物的喜悅和損失200元的沮喪，反映在人們心裡的感受是大不同的。無數的心理學研究都證明，一定金額的收益帶來的滿足感，要遠遠小於損失同等金額所帶來的沮喪感。所以，**人類天生就有一種規避損失和負面結果的傾向。**

　　人們有的時候傾向於把收益和損失區分開來對待，有的時候又會把它們整合起來對待。行銷專家發現，顧

客決定去一家昂貴餐廳用餐時，最不在意在500美元的帳單上多加上幾杯雞尾酒或幾份甜點的錢。同樣，消費者在買一輛5萬美元的新車時，往往不會猶豫再多花5,000美元加上一些像天窗、真皮座椅、導航裝置之類的附加功能。人們在考慮花費時，會把很多小的花費整合成一大筆花費。也就是說，人們有把很多小的損失整合在一起當作一個大損失的傾向。

在投資績效方面，投資者有時卻會把獲利和虧損分得非常清楚。特別是在投資者承受了不少損失之後，很多人都會去尋找那些烏雲背後的幸福線。投資者往往會想到自己雖然整體上虧損不少，但是在某幾支股票上還是有所斬獲的，因此並不會對自己的投資能力完全喪失信心。

還有研究表明，人們不只是對獲利和虧損有非常強烈的反應，對於獲利和虧損的幅度和比例，也同樣有強烈的反應。比如，有這樣一組在全球進行的實驗，組織者問參加實驗的兩組人下列問題。第一組人被告知去商店購買一件100美元的家具，此時店員告知明天這件家具會有25美元的降價促銷，建議他明天再來購買。第二組人被告知去商店購買一部1,000美元的電腦，此時店員告知明天這部電腦會有25美元的降價促銷，建議他明天再來購買。當心理學家問參加實驗的人是否會決定第二天再去購買，第一組的大部分組員都計劃第二天降價時再購買家具，而第二組的大部分組員都決定馬上購買電腦。同樣是節省25美元，但是實驗參與者的反應卻截然

不同，這也反映了思維框架和相對比例（節省25%，還是節省2.5%）對人類行為與決策的影響。

想想看，你會怎麼選擇？

為了更佳說明思維框架和損失、收益對人類決定過程的影響，我們再做下列一個小測試。假設美國可能突然爆發一場非同尋常的疾病流行，我們事先要對這場疾病做出一個處理預案。我們預計這場疾病可能會導致600人死亡，科學家提出了兩種不同的治療方案。如果A方案被採納了，可能有200人得以生還；如果採取B方案，有1/3的可能是600人會全部生還，但有2/3的可能是沒有任何人生還。現在，讓大家選擇一下，如果你是美國總統，必須在兩者裡面選一個，你會選哪一個？大多數的讀者會選擇A。

現在，我們又找到了兩種新的救治方案——方案C和方案D。C方案的結果是600人中有400人死亡；D方案是有1/3的可能是沒有人死亡，有2/3的可能是600人全部死亡。這兩個方案，你會選擇哪一個？很少有人會選擇C。

如果我們仔細計算一下預計的死亡人數就會發現，A和C、B和D的結果都是一樣的。我們發現，基於同樣的資訊，因為人們思考的框架不同，對於不同選項的處理態度也會大不一樣。人對於確定的損失，會有特別強烈的規避趨勢，這是一種非常重要的人類行為傾向。C選項（400人會死亡）的表達方式，正是集合了負面而確

定的結果，這是我們在決策過程中最不願意看到的，這也是基本上沒人會選擇它的原因。

因此，無論是在今後的管理過程中，還是在談判磋商的過程中，大家都要關注一下自己是在一個確定的、還是一個可變的環境中思考。如果你是在確定的前提下，再給你的談判對手一個負面信息，那麼可以想像這將是一個非常困難的談判過程。你一定要給談判對手留有餘地，傳達一個有希望的信息，而不是一個確定的結果。透過對自己情緒的瞭解和對談判對手的瞭解，我們可以幫助自己達到一個讓雙方更容易達成一致的協商方式。

接下來，我們再來看幾道有趣的題目。第一個問題是，大家面前有兩個選擇：選擇A的人，到學校來上課，每人可獲得240元；選擇B的人，進校門的時候，門口擺了四張分別寫有1、2、3、4的卡片，如果誰抽到1，就可獲得1,000元，如果抽到2、3、4，就什麼也沒有。在美國，2/3左右的人會選擇A，1/3左右的人會選擇B，因為：

A. 穩賺240元；

B. 25％的可能賺1,000元，75％的可能不賺不賠。

第二個問題是這樣的，現在改變一下遊戲規則，如果因為朱教授的課程質量很好，所以要向來上課的同學收費。C選項是每個人都要交750元，D選項也是四張寫有1、2、3、4的卡片，抽到1就免費，抽到2、3、4就要付1,000元。結果，大部分的人都不會選擇C，因為：

C. 必虧750元；

D. 25％的可能不賺不賠，75％的可能虧1,000元。

最後一個問題——選項E和選項F。選項E，也是四張寫有1、2、3、4的卡片，如果抽到1，有可能獲得240元，如果抽到2、3、4，有可能損失760元。選項F，如果抽到1，會獲得250元，如果抽到2、3、4，可能損失750元。

E. 25％的可能賺240元，75％的可能虧760元（注意：這個等價於同時選擇了A和D。）

F. 25％的可能賺250元，75％的可能虧750元（注意：這個等價於同時選擇了B和C。）

有沒有選E的？E和F這兩項，都沒有確定一定會虧錢或賺錢。如果虧錢，F會虧得少一些。如果賺錢，F會賺得多一些。也就是說，無論發生什麼情況，F的表現都比E要好，所以所有人都應該選F。但是，我們仔細看看F是什麼呢？F選項是剛才B和C那兩個大家都不選的選項的合併，而E選項恰恰是剛才大家可能會選擇的A和D兩者的結合。

為什麼會這樣？因為人們對於確定性和不確定性的不同反應。原來A和B是確定的和不確定的相比，C和D也是確定的和不確定的相比。我們發現，在收益方面，人們往往會選擇比較確定的；在損失方面，人們會盡量回避確定的。**人們在損失面前，往往不是很理性地考慮概率分布的問題，而是（情緒化地）願意付出非常大的代價來規避損失。**

保險產業有很多業務運作，靠的就是這種心理現

象。航空險是保險公司比較喜歡的險種，一次保費最低只要一、二十元人民幣，一、兩個小時乘客安全抵達目的地之後，保險公司就可以獲得現金流了。由於航空運輸變得越來越安全，航空險種的賠付率其實是很低的。對於保險公司來說，航空險保單的溢價還是很高、很有吸引力的。

航空險的保金溢價既然不低，為什麼還有很多人會購買呢？保險產業的商業模式，恰恰是利用和滿足了人類對於小概率風險的強烈規避的心理需要，因此我們可以理解為什麼保險產業從商業模式上來講，是可以長久賺錢的。對每一個個體來講，對於確定性和規避損失，都有非常強烈的偏好。但是，保險公司並不是有血有肉的自然人，可以把各家的風險集聚在一起，從而分散自身的風險，所以保險公司對於確定性和不確定性是沒有偏好的。保險公司關心的，只是是否因為承擔風險而獲得了足夠的保金補償。從這個意義上來說，保險公司所利用的，正是個人與商業機構、個人與集體之間對於同一風險的不同定價的原理來獲利的。

筆者在此分享兩個很重要的原理。第一，我們看待一件事的方式，它是正面的、還是負面的，對我們的決策有很大的影響。可能將一個負面事件看成一個正面事件，處理起來會比較理性，但是將正面事件當成負面事件的話，處理起來就會受情緒影響，因為人的本性會想要回避這種負面情況。第二，在確定了一個問題是正面、還是負面的情況下，我們要考慮確定性和不確定

性。有時，我們為了回避一點點風險，卻付出了太高的代價。金融學裡有一種說法叫作「風險幽閉症」，就是說投資者有時為了回避一點點風險，反倒會給自己造成長期的、更大的風險。人在確定性和不確定性之間，在正面和負面之間的決策，有非常大的反差。因此，**大家在看待問題的時候，一定要想想自己是以什麼立場、什麼出發點來考慮問題的。**

處置效應

　　看到這裡，大家很可能會問，上述這些討論和投資、特別是資本市場投資，有什麼關係呢？其實，這種基於思維框架和參照點的思考方式，對於投資者決策的一個重要影響，恰恰是投資者不願意接受投資中的潛在損失（浮虧），不願意把浮虧變成真實的虧損，這種行為在行為金融研究中被稱為「處置效應」（Disposition Effect）。

　　舉一個很簡單的例子，中國國內的股民把賣掉虧損股票的行為稱作「割肉」。如果投資組合裡的某支股票已經浮虧30％，投資者會非常不願意賣出，好像只要沒有賣掉，就沒有損失，股價總有一天會漲回來的，而一旦賣掉之後，損失就永遠收不回來了。由此可見，對投資者來講，賺錢固然很重要，如何處理損失，也是區分成熟投資者和菜鳥投資者非常重要的標準。

　　行為金融學中的「處置效應」，反映了投資者對於「浮盈」和「浮虧」股票不同的處置態度。這一點，只要大家看看自己的投資組合就能深有體會。在散戶的投資

組合中，有超過2/3的股票是虧錢的。這在很大程度上，是由於散戶總是以原先的買入價當作參照系，來評價一支股票賺錢與否。散戶往往會等待股票解套時，再賣掉股票。但是，在這個過程中，他們給自己的思維無形築起了牢籠，把自己的投資決定和一支股票的表現綁定在一起，而這是沒有必要的。**投資者往往因此忽略了時間成本和機會成本。**對於浮虧的股票，你可能要等個一、兩年，甚至三、五年才有可能解套──對那些在6,000點買入股票的中國投資者來說，很可能在非常長的一段時間裡都不會解套。在這個過程中，與其等著浮虧的股票解套後再賣掉，還不如強制自己「割肉」後再重新審視情況，做出新的、更正確的投資決定，買更能夠賺錢的股票。

我們利用實證研究方法發現，假設投資者隨機賣出浮盈和浮虧的股票，在他們賣掉的股票中，賺錢公司與賠錢公司股票的比例，大致上應該是差不多的。這就說明過去股票的表現、賺錢與否，並不影響投資者的決定。

舉例而言，假設一個投資者的投資組合裡面，有總市值100元的股票，他決定要賣掉其中25元的股票，保留剩餘的75元股票。如果這總市值100元的投資組合裡，有80元的股票是賺錢的，有20元的股票是賠錢的（賺錢股票的比例為80％），並且投資者在賣出股票時忽略股票過去的表現，我們會發現，投資者會選擇賣掉5元賠錢的股票和20元賺錢的股票，也就是不論股票是賺錢、還是賠錢，投資者都會賣掉1/4的部位。然而，在現

投資者的朋友

實投資中，投資者有1/7的可能性賣掉賺錢公司的股票，只有1/10的可能性賣掉賠錢公司的股票，也就是賣出前者比後者的可能性要高出50%。

股票市場是高度流動的，為什麼投資者會如此不情願將浮虧轉變為真實的虧損呢？一定程度上，這是因為投資者在感情上對損失有強烈的規避。什麼又是「對損失的規避」呢？人不是像我們傳統經濟學所假設的，只關心自己賺多少錢，其實投資者對於收益和損失的反應是非常不同的：對前者有非常正面的反應，對後者則是非常負面的反應。同樣的金額在損失和收益這兩方面，給人帶來的情緒上的影響也是完全不同的。心理學家透過磁振造影掃描人的大腦，研究投資者對於損失的規避現象。他們發現，在遭受損失之後，投資者大腦皮層的興奮區域和遭受損失之前的興奮區域完全不同了。這就可以解釋為什麼很多投資者在遭受損失之後，思路和策略就和原來的完全不一樣了。

筆者在和很多交易員聊天時發現，他們也會受到類似行為傾向的困擾。實際上，交易員最成功的一點不在於制定出多好的策略，而在於控制損失和風險。大家猜猜，一些很成功的對沖基金的策略的成功率有多少？所謂「策略成功」，就是在預測訊號指示下買了股票之後馬上就會上漲，賣了後馬上就會下跌。大家可能會問：「訊號是不是百分之百準確？每次都能賺錢？」不大可能。那麼幸運的話，就是自動提款機了。當然，準確的比例肯定不能低於50%，否則買得越多，賠得越多。

大多數的人都認為，訊號必須準確到80％～90％才能賺錢，其實不然。**很多基金公司採用的投資策略，預測訊號的準確率，其實也就在60％左右。對於某些高頻交易而言，準確率甚至只有55％～60％。**有些散戶可能會問：「基金怎麼能夠透過一個準確率只有55％～60％的策略賺大錢呢？」其實，這靠的就是控制風險和控制損失。賺錢的交易每筆能賺2％、3％或5％，但基金可能把停損點嚴格地設在1％，一旦虧損1％就馬上斬倉出局，再開始一個新的交易。

筆者在跟很多投資銀行交易部門的主管討論時，往往會聽到相似的建議。大家知道交易部門主管基本上自己不做交易，主要的工作是管理交易員。管理什麼？風險。看每個交易員的每項商品的風險有多少，同時考慮這些暴險部位之間會不會相互影響。這些交易部門主管會給每個交易員一個額度，到了止損點，就必須止損。但還是有很多年輕的交易員會在虧損之後跑過來，央求他們不要強制平掉達到止損點的倉位。交易員會想出各種辦法，向主管解釋為什麼這個交易這麼有吸引力、為什麼這個交易一定會賺大錢，以及為什麼這個交易再多持有一天就可以扭虧為盈，諸如此類。

此時，主管們往往會採取以下措施：強制交易員今天必須把倉位平掉，同時允許他們明天再把這個倉位補回來。在大多數情況下，交易員在第二天，就不會選擇把倉位給補回來了。這說明了當人們在感情上遭受打擊後，進行的很可能不是一個理性、最優的決策過程。所

以，**大家在遭受損失的時候，一定要有紀律性**。這也是為什麼要有投資決策委員會、要有算法交易，不能由個人主觀做出決定。無論在達到3%的止損點或達到5%的止損點斬倉出局多麼痛苦，都一定要停損。我們不能保證每次的停損決定都正確，但是從整體上來講，我們的主觀情緒是不可能讓自己理性地對待這筆虧損的交易的。

那麼，不賣出浮虧的股票，到底有什麼不對的呢？很明顯的一個原因就是，我們在前文中談到的稅收因素。如果早一點賣出浮虧的股票，投資者也許可以用資本虧損來抵稅，少繳一點收入所得稅。從更重要的角度來講，繼續持有浮虧股票的行為，和機構投資者所廣泛使用的一種慣性策略相抵觸。所謂「慣性策略」，就是指過去三個月賺錢的股票，很可能在今後三個月還會賺錢；過去一年賺錢的股票，很可能在今後一年繼續賺錢；過去一年賠錢的股票，很可能在今後一年會繼續賠錢。雖然投資者從感情上很不情願「割肉」，但是如果不這麼做，不但可能會在下一年蒙受更大的損失，而且會喪失很多買入更多好股票的機會。

值得指出的是，不是只有散戶才會表現出這種處置效應，銀行的信貸人員和基金經理人這類專業投資者，其實也會表現出類似的情況。在商業銀行發展的歷史中，內部審計發現，很多不良貸款的發生和惡化，往往是因為經手信貸的人員不願意承認自己在最初放貸決策時判斷失誤，把資金貸給了後來經營狀況不善的公司。然而，一旦經營不善的公司真的發生了逾期或違約，經

手信貸的人員又會爭取說服自己和同事，如果能夠給這間企業繼續放貸，很可能就會起死回生，連本帶利地把之前的貸款全額償還。這種專業人員對於自己之前錯誤的心理抵賴和對於好結果不切實際的希望，其實和面對出現浮虧股票的散戶不願斬倉出場，是非常相似的。

另有研究表明，在基金經理人發生變更之後的幾個月，這些發生基金經理人變更的基金所持有的有浮虧的股票的比例，遠遠低於那些一直由同一個基金經理人所管理的基金所持有的有浮虧的股票的比例。這體現了本人和第三方對於投資組合中浮虧股票今後回本或賺錢可能性的截然不同的看法。如果是換了另外一個人，用相對獨立和客觀的視角來評價投資組合中的浮虧股票，可能會覺得很多浮虧的股票都不可能在今後賺錢，所以會很堅定地把這些浮虧股票斬倉賣掉。但是，如果是由同一個基金經理人，由於是自己買入的股票，即使發生浮虧，基金經理人可能不願意承認錯誤，不願意賣掉因為自己的錯誤決策而浮虧的股票。

這種思維框架和不願意停損的決策方式，在很大程度上是因為人類決策中的「心理帳戶」（Mental Accounting）。2017年的諾貝爾經濟學獎得主理查‧塞勒（Richard H. Thaler）指出，人類決策中存在普遍和強烈的心理帳戶現象，每個人對於同一件事物、同等金額的金錢的看法和感受，並不完全一致。同等金額的資金，在不同的思維帳戶裡，很可能會給人帶來非常不同的心理感受。根據他的理論，投資收益和投資虧損，可能在每

個人的心目中都被放進了不同的帳戶。**同樣的金額，在虧損帳戶裡面給人帶來的不愉快的程度，遠遠大於在收益帳戶裡面給人帶來的滿足感。**

很多時候，作為一個個體，人的決定並不一定是像傳統經濟學所假設的那樣，為了最大化自己的財富，也不一定是為了最大化自己的投資收益，很可能是為了最大化自己精神上的滿足感。要達到最大化自己精神上的滿足感的目的，人們就會盡量減少自己精神上的不愉快。很多時候，為了減少自己精神上的不愉快，投資者就必須扭曲現實，說服自己只要不賣出浮虧股票，浮虧股票無論如何都是浮虧，是不會最終變成真實的虧損的。

這也是為什麼有些研究發現，在整體市場環境比較好、投資者投資組合賺錢的時候，投資者會更好地面對自己的浮虧，更願意把自己出現浮虧的股票賣掉。這是因為當大盤或投資組合表現較好時，投資者在個股上的損失，在一定程度上可以被大盤的漲幅或整個投資組合的收益抵銷，所以不會給投資者帶來太大的心理衝擊。但是，如果股票大盤表現不好，或者整個投資組合處於虧損狀態，投資者就會特別不願意面對自己出現浮虧的股票，更不願意把出現浮虧的股票賣掉。

《銷售無形資產的藝術》（*Art of Selling Intangibles*）一書的作者勒羅伊·格羅斯（LeRoy Gross）基於自己多年的金融實務總結說：「然而，大多數的客戶不會在虧損時賣出所有的投資。他們不願意放棄從某一特定投資上獲益的可能，或者他們可能期望在撤出之前收回成

本……。投資者總是不願意接受和承認損失，因為這樣一來，就證實了他們之前的判斷錯誤……。承認損失的投資者，不會再對愛人天真地說：『這只是帳面上的損失，等等就會回調。』」

如何停損

現在可能有些讀者朋友，已經開始意識到停損的重要性了。那麼，下一步應該如何有效做到停損呢？我有三個建議。

第一，透過自身的交易機制自發停損。正如金融機構在設計商品時設定強制平倉線，在發放貸款時設定強制停貸抽貸要求，以及基金公司對單支股票設定損失上限一樣，**散戶也應該對自己的投資，設定自動平倉的交易機制**。在很多國家，投資者可以在買股票的時候直接設定停損的標準，一旦買入的股票下跌幅度超過標準後，券商可以不用諮詢客戶自行幫助客戶平倉。筆者強烈建議，中國的券商也盡快提供類似的業務，幫助中國股民更好地止損。

第二，透過集體決策和相互監督提醒止損。我們發現，大家之所以不願意平倉，很多時候是因為個人不願面對自己之前所犯的錯誤。但如果一個投資決策是大家集體決策的結果，那麼任何一個人都不會覺得自己要對這個錯誤負責，因此更容易接受和面對之前的錯誤，更容易選擇平倉止損。與此同時，朋友之間應該相互提

醒、相互關照。**因為每個人在評價別人的投資決定時，相對比較獨立客觀，因此朋友之間應該相互關注，提醒對方投資的浮虧，以及如何及時停損。**

第三，大家在擔心股價之後會上漲、不願意賣出浮虧的股票時，可以勸說自己一下，提醒自己：「今天先把這支浮虧的股票賣了，等賣出之後，股價有可能進一步下跌。等到股價進一步下跌到一個比較有吸引力的價位，再用更低的價格把這支股票買回來。」其實能不能停損，恰恰難在賣出的那個決定，那個決定瞬間一定非常痛苦。一旦等你把股票賣出了，心理上和這個浮虧的強烈情感連結就被切斷了。**等到你用一個不持倉的客觀視角，再次審視這支股票時，你往往根本就不會再決定用新的、哪怕是更低的價格，把這支股票再買回來。**

───────── **本章重點摘要** ─────────

1. 投資者非常不願意賣出有浮虧的投資（處置效應）。

2. 處置效應不但導致投資者收益下降，而且占用大量資金，剝奪投資者今後投資獲利的可能。

3. 投資者往往利用買進價格，作為評估收益和虧損的績效標準。

4. 大多數的散戶可以透過強制平倉，大大減少投資損失。

12

投資：
終身的學習與修行

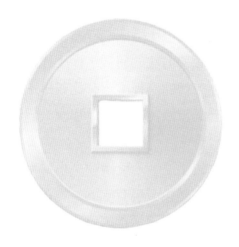

投資者在賺錢時，績效可能跑輸大盤，承受了很高的機會成本，而且投資能力比較差。投資者如果誤判自己的投資能力，就有可能盲目地增加自己的投資金額和暴險部位，也更有可能在市場大幅波動期間遭受沉重打擊。

為什麼投資是這樣一個複雜的過程，或者說為什麼投資者不能夠很有效地透過自己過去的投資經驗來修正自己的偏差，提升自己的投資績效呢？要回答這些問題，我們首先需要考慮投資者該怎樣學習，什麼樣的學習比較容易，什麼樣的學習比較困難。

　　舉一個簡單的生理學例子——巴夫洛夫條件反射。什麼是「條件反射」？就是你一搖鈴，小狗就跑過來，然後你給牠東西吃，時間長了之後，只要搖鈴，小狗就覺得有東西吃，所以就會跑過來。在這個例子中，形成條件反射的過程，是比較直接、簡單的。

　　但是，真正的學習比這個過程還要複雜。根據學者們對於心理學和教學方法的研究，什麼樣的學習比較容易呢？如果你在學習的過程中，有比較迅速、頻繁的反饋，而且你得到的反饋比較明確，那麼人們學習起來就比較有效。

　　什麼叫「比較迅速」的反饋呢？小狗今天一聽到鈴聲就馬上跑過來，然後發現有吃的，牠很快就會將行為和結果連結起來。從學習過程來講，小狗就會認識到，只要有了這個行為，就會獲得這樣的結果，而這樣的學習比較有效。

　　那麼什麼是「比較頻繁」的反饋呢？也就是如果我們重複做一件事情，今天做了一次，明天又做一次，後天再做一次，這就是比較頻繁的反饋。就好比今天小狗聽見鈴聲響了跑過來，發現有東西吃，第二天牠聽見鈴聲響跑過來，又發現有東西吃。這種比較頻繁的反饋，能夠

逐漸培養起對某種信號較強的認識，或者較強的信心。

還有一個條件，就是「比較明確」的反饋。小狗聽見搖鈴後跑過來，發現有東西吃，第二次聽見搖鈴跑過來，又發現有東西吃，每次跑過來的結果都是一樣的，而且都是非常正面的反饋。日積月累，小狗一旦聽見鈴聲，還沒有跑過來，就已經開始流口水了，這樣就完成一個比較明確的學習過程。

散戶的鴕鳥心態＆漫長的學習過程

在瞭解了學習過程之後，我們回過頭來討論一下，為什麼證券投資是一個相對比較複雜或比較困難的學習過程。仔細思考一下，我們就會發現，投資過程、尤其是證券投資過程，恰恰既不是一個迅速的反饋過程，也不是一個頻繁的反饋過程，更不是一個非常清晰的反饋過程。反之，證券投資經歷是一個不大頻繁、比較緩慢，又比較模糊的反饋過程。

其一，為什麼說它不頻繁呢？前文不是提及，一般散戶投資起來，交易十分頻繁嗎？但是，我們前面講到的散戶的交易頻率，在很大程度上取決於交易績效，如果交易績效很好，可能交易頻率會高一些。如果有些投資者投資的股票不大好，或者選擇的時機不大好，他們可能會把這支賠錢的股票，放在自己的投資組合裡面一、兩年。大家想一下，可能有很多投資者到現在還抱著某支股票，即使它在Ａ股上市的時候價格是每股四十多元，現在已經跌到每股十幾元了。投資者不賺錢的時

候，往往會產生「鴕鳥心態」（Ostrich Effect）。鴕鳥有什麼特點？就是在遇到危險或讓自己不高興的事情時，就把頭埋進沙子裡面。很多投資者也是如此，如果投資績效不佳，寧可把股票埋在自己的投資組合裡最深的角落，不去想、也不去看。如果投資者看看自己的投資組合，就會發現自己往往會長時間地持有很多賠錢的股票。投資者之所以不能夠正確衡量自己的投資能力，一定程度上正是因為在持有賠錢的股票很長時間之後，已經忘卻或正努力試圖忘記這段失敗的投資經歷。

隨著投資時間的增長，投資者對整個損失過程的反應越來越遲鈍。投資者賺錢的時候持有時間比較短，因為賺錢獲利了，所以覺得自己的投資能力不錯。而虧錢的時候，投資者往往會選擇性地遺忘，想逐漸消除這種不愉快。結果是什麼呢？第一，投資的過程不是迅速反饋的過程；第二，在整個過程中，投資者對自己能力的評價，也可能是不對稱、不公正的。他們賺錢的時候，覺得自己的績效很好、能力很強，虧錢的時候就選擇性地忘記，忘記自己能力不好、績效比較差的一面。因此，這樣的學習是相對不頻繁和不準確的學習過程。

其二，我們必須注意到，投資時的學習過程，是一個比較緩慢的過程。一個投資者透過一、兩次投資交易，很難真正瞭解自己的投資能力和投資水平。如果一次不能夠證明，必須嘗試第二次，而這種學習過程比較漫長。很多人在學習游泳的過程中，會有類似的經歷，即在剛開始學游泳的時候進步很大。先是可以在水裡翻騰兩

下，後來可以借助一些工具游一段距離，再往後可以自己獨立地游。然而，之後就會覺得進步越來越小，隨著時間的延長，就很難說清楚自己學習游泳到底是比較有效、比較快的過程，還是比較無效、比較漫長的過程。

投資也是一樣，剛開始，大家還比較瞭解自己的能力。隨著時間越來越長，大家對於自己的投資能力就會產生迷惑，因此需要外界提供更多的幫助。所以，從這個角度來講，投資是比較緩慢的學習過程。

其三，投資結果的反饋，一點也不明確，反而是比較模糊的。為什麼這麼說？因為散戶的投資績效，是非常不容易評價的。我們有的時候會聽到投資者說：「我的表現很好」，但是我們不知道這個「表現好」，是指投資的「總收益」比較好，投資組合裡面某一支股票的表現非常好，投資扣除交易成本之後的表現特別好，還是說在對投資績效進行了正確的風險和風格方面的調整之後表現仍然非常好。很多投資者對於如何衡量投資績效不是非常清楚，更不用說對自己的投資績效給予正確評價了。結果，投資者往往會在過度自信的情況下，對自己給出非常正面的評價。有些時候，非但聽眾不知道如何去解讀「我的表現很好」這種話，甚至連說話者本人也不確定自己的投資績效到底如何。

我們透過問卷調查發現了一個有趣的現象：在牛市的時候，幾乎每個投資者都感覺非常好；到了熊市的時候，每個投資者都覺得自己的表現非常差。原因很簡單，散戶只會用投資的「總收益」，也就是賺錢與否和

賺了多少錢，來衡量自己的投資績效。牛市的時候，每個人都賺錢了，因此人們感覺很好；熊市的時候，每個人都虧損了，因此個個灰頭土臉。

其實，投資者往往會忽略投資過程中的一個重要概念，那就是機會成本。所謂「機會成本」，就是說如果投資者不把資金投到自己所買的股票上，而是投到其他領域或其他金融工具上，投資有可能獲得什麼收益。

有趣的是，在國外和中國國內的實證分析表明，恰恰在牛市裡面，很多投資者、特別是散戶的表現，明顯落後於大盤走勢。相反地，在熊市裡面，雖然大家都虧錢了，但是散戶虧錢的比例和幅度，並不一定比機構投資者更高。從這個角度來講，很多投資者都沒有正確地瞭解投資機會成本的概念，往往只是關注自己投資的收益，而忽略了如果不直接投資在自己選擇的這些股票上，是不是有可能獲得更高的收益。綜上所述，大多數投資者都不能夠正確評估自己的投資能力或投資績效。如果沒有明確的反饋，就更談不上投資者透過學習來提高自己的投資能力了。

前文方才提及，投資者往往會用自己的總收益，作為自身投資能力的評估標準。但是我們知道，很多時候投資的收益雖然不錯，卻可能落後於大盤走勢。從這個角度來說，一個投資者購買指數型基金，無論是從成本更低、還是績效更好的角度來說，都是一個更好的選擇。但正是因為投資者往往把自己投資組合裡的每一支股票都分別對待，而不是把投資組合中的所有股票一攬

子看待，因此忽略了自己投資組合的總收益跟整個大盤表現的關係，而不能對自己的投資能力有更客觀、更準確的評估。

按照前文討論基金投資時說到的，投資者很難把自己的投資組合的收益和投資組合的風險連結在一起。比如，投資者買了一支創業板的股票，可能這兩個星期賺了20％，後兩個星期虧了20％。但是，散戶在賺錢的時候就沾沾自喜，覺得自己的績效非常傲人，在虧錢的時候，就跟我們剛才說到的一樣，採用鴕鳥心理，對此不聞不問，盲目地相信股價有朝一日，一定會回到原來的高位。**投資者對風險的忽視和對賺錢、虧錢截然不同的情緒和態度，妨礙了他們準確評價自己的投資能力。**

投資者在考慮自己的投資收益時，往往沒有考慮整個大盤的表現，沒有考慮自己的投資組合或自己選擇的股票的風險是高還是低，沒有考慮自己賺錢是因為一時運氣，還是過人的投資技能。投資者只是看到一個簡單的結果——自己是賺錢了、還是賠錢了，是賺了10％、還是20％。

從這個角度來講，投資者越是在賺錢的時候，越不能夠正確判斷自己的投資能力。有可能越是在賺錢的時候，越是投資者的績效跑輸大盤、承受很高的機會成本、投資能力比較差的時候。如果散戶只關注投資的總收益，是很難意識到這一點的。相反地，散戶會因為賺了錢，而對自己的投資能力，有一種不切實際的幻覺。正是這種誤判，可能導致投資者在投資能力表現最差的

時候，增加自己的投資金額和暴險部位，也更有可能在市場出現修正的時候承受沉重的打擊。

同樣地，在投資者虧錢的時候，有可能只是怨天尤人，卻沒有考慮到自己雖然虧了錢，但可能虧的幅度比大盤下跌的幅度還要小，所以其實投資能力還是相對不錯的。取而代之的是，投資者往往會在這種時候對自己喪失信心，不考慮自己的損失是因為大市波動造成的，而在最不應該放棄的時候自暴自棄。很多散戶在股市長期大跌、終於要出現反彈之前斬倉離場，親手把貨倒在黎明前最黑暗的時候。其中一個主要原因就是，投資者對於自身的投資能力沒有清楚的認識。

散戶學習的過程非常緩慢、充斥著模糊的信號反饋。由於累積了很多模糊的信號，投資者很難判斷自己的投資能力究竟是比較強、一般，還是比較弱。如果投資者連自己投資能力的高低，都不能有一個準確的評估，那麼怎麼能夠有一個正確的態度來提升自己的投資能力，或者提升自己的投資績效呢？

正因為投資是一個很複雜的過程，投資者不能清楚而迅速地在其中學習，進而提升自己的投資能力，投資者也因此越容易在這種複雜的過程中產生盲目的自信。心理學研究的相關證據表明，**雖然人類對於幾乎所有的任務和挑戰，都存在著過度自信的傾向，但是這種過度自信的傾向，在越複雜和越不熟悉的環境裡表現得越明顯。**美國的一個心理學實驗讓參加實驗的人回答一系列問題，有些問題相對比較容易（比如：美國最長的河流

投資者的朋友

密西西比河的長度），有些則比較難（比如：全世界最長的河流尼羅河的長度。）參加實驗的人需要給出一個他們估計的準確區間，以保證正確答案有90％的可能會落在該區間（統計上的術語是「90％的信賴區間」。）當然，大家知道，參加實驗者給出的區間越大，正確的答案落在他們給出區間的可能性也就越大。所以，如果參加實驗的人對自己的答案不是過分自信，應該會給出一個比較寬泛的區間，以保證答案能夠落入他們給出的區間。

然而，研究者觀察到，大部分參與者給出的區間都不夠寬泛，以致平均而言，正確答案落入實驗參加者給出區間的頻率遠遠低於90％。這再一次印證了人們有過度自信的傾向。而且研究者發現，參與實驗的人對於比較容易的、與美國有關的問題（比如：美國最長的河流密西西比河的長度），給予的信賴區間比較準確。而對於那些遠離美國生活現狀的較難問題，也就是說參加實驗的人不大熟悉的領域（比如：全世界最長的河流尼羅河的長度），給出的答案就不準確。由此可見，人們對於越不熟悉的事件，越會表現出更強的過度自信。

投資恰恰是這樣一個非常複雜的任務，而且廣大的投資者對於投資，其實並沒有深入和清楚的瞭解。很多投資者覺得，自己看了很多媒體報導、看了很多股票節目，甚至每天比去單位上班還忠誠地去券商營業部看盤，已經非常瞭解投資，沒有道理不賺錢。**但是很多時候，這些煩冗的信息，非但沒能給投資者帶來更有見地**

的投資概念，反而助長了投資者過度自信的傾向。

　　心理學家在很多喜好賭馬的國家和地區，都進行過下列這個有趣的實驗。研究者試圖透過給賭馬的人提供更多信息，來研究額外信息對於人們的預測能力和決策準確性有什麼影響。我們傳統的想法是：學習很重要，學的知識越多、知道的東西越多，就越能做出好的決定。

　　心理學家對參加實驗的兩組不同人群，提供了不同種類和數量的信息。大家知道，除了運氣之外，賭馬的確也是一項有高度技術性的活動。要想取得成功，必須對馬匹、騎師和對手都有所瞭解。

　　譬如，你需要瞭解這匹馬或對手們的一些重要資訊，包括馬匹的年齡、血統、過往績效等。同時，你也需要瞭解騎師的資訊，包括最近的身體狀況和比賽結果，以及有沒有受傷紀錄和比賽風格等。從某些角度來說，賭馬要求的專業水平，可能不亞於炒股所要求的專業水平。而賭馬活動中被暴出的某些違禁藥品和操控比賽結果的手法，似乎也讓人想起股市中的盈餘管理和內線交易。

　　總之，賭馬的人可能需要多種專業信息，樂於此道的心理學家也會給參與賭馬實驗的不同人群不同種類和數量的信息。對有些實驗參與者，研究者會給他們提供五種信息，有些提供十種，也有些參與者會從實驗組織者那裡獲得二十種、甚至四十種信息。心理學家感興趣的是，給不同參與者不同數量的信息，會不會影響參與者對賭馬結果預測的準確程度？

結果發現，那些獲得較多信息的參與者（二十種或四十種信息），確實比那些獲得較少信息的參與者（五種或十種），對自己預測的準確性更有信心。然而，這些更有信心的參與者，對賭馬結果做出的判斷，卻並不比那些獲得較少信息的參與者更加準確。股票投資其實也是一個類似的過程，信息可以助長投資者的信心，但是並不能夠幫助投資者提升績效。誠如前文討論過的，投資者有可能在過度自信的影響下，過度交易或倉促交易，這反而會影響投資者的收益。

　　筆者再舉一個非常經典的例子，如果大家居住在上海，想一想自己的投資組合裡面，有多少股票是上海本地公司的？如果你來自浙江，自己的投資組合裡面，又有多少是浙江本地公司的？如果大家從事影視、科技或金融產業，看看自己的投資組合裡面，有多少是跟自己相關的產業的股票？毫無疑問，我們都會投資於自己熟悉、瞭解、知道的東西，這在一定程度上和信心是有關係的，因為我們對這些情況更瞭解，所以投資的時候更有把握、更有信心。但是，投資本地公司的股票或本行業的股票，是不是真的明智？大家可以思考一下這個問題。有些資訊確實可以幫助我們做決定、做預測，但是與此同時，你獲得的信心越多，越會過度自信，可能會導致你更草率地做出一些決定。有的時候，能意識到自己缺乏應有的信息或對某些公司缺乏瞭解，並不一定是壞事。**正是透過意識到自己的不足，投資者才有可能意識到投資的難度和市場的風險，才可能回避因為過度自**

信而導致的草率投資決定。

　　整體而言，證券投資是一個比較複雜的學習過程。正是因為其複雜性，導致投資者很難正確地對自己的投資，進行比較準確和有效的判斷，但是這並不意味投資者完全沒有學習的可能。根據筆者及其他學者的研究，投資者確實會在投資過程中獲得一定的學習能力，能夠在動態的環境裡逐漸學習、進步。

投資者的終身功課：持續學習，認識敵人

　　不過，散戶的這種學習，和巴夫洛夫實驗中的小狗的學習方式非常不同，也和許多投資者自己想像的學習方式可能不同。我們把這種學習分成兩類：被動式學習和主動式學習。

　　被動式學習很好理解。一個散戶拿了一萬元炒股，第一年虧損30％，第二年又虧損30％，第三年再虧損30％，基本上這一萬元就賠得差不多了。此時，他意識到自己不是一個非常好的投資者，決定不再追加投資，這就是「被動式學習」。就像我們常在媒體上聽說的段子：開BMW進去，騎自行車出來；穿西服進去，三點式出來；老闆進去，打工仔出來；黃世仁進去，楊白勞出來；地球進去，乒乓球出來。其實反映的就是，大量散戶用自己的財富和資本，證明了自己不是一個好的投資者。投資者把自己的財富虧光了，就意識到自己不該在股市裡面進行投資，這是一種比較可惜的被動式學習。

　　另外一種就是比較積極的「主動式學習」；也就是

說，投資者會根據自己的投資績效，學習主動調整自己的交易行為。投資者在發現自己擁有不錯的投資報酬後，會增加自己的投資部位或增加自己的投資風險，購買更多高風險的股票。與此同時，如果投資者發現自己的投資績效不盡如人意，也會逐漸降低自己的投資金額，或者減少自己在投資過程中承受的風險程度。

遺憾的是，投資者必須意識到，這種自發的學習過程，並不像我們想像的那麼迅速或有效。它有三個局限。其一，我們在前面也講過，投資者在賺錢之後的學習能力和賠錢之後的學習能力是不對稱的：賺錢之後，會把大部分的功勞歸於自己，歸於自己有股票投資和股票分析的能力；而在虧損之後，往往會把這些責任推給他人，覺得這是宏觀經濟、監管機構、券商的責任，和自己的投資能力無關。雖然投資者確實可以在投資過程中逐步瞭解自己的學習能力，但很多投資者採取的是一種不大客觀、也不大對稱的學習方式。這一點，阻礙了投資者瞭解自身真正的投資能力，也阻礙了他們進一步提升學習能力的進程。一般來說，短期之內無論賺錢與否，投資者都很難對自己的投資能力有一個準確的評價。

其二，投資者雖然有主動學習的能力，但是他們調整自己投資行為的力度，或者說他們學習的力度，在獲利和虧損之後很不一樣。我們在實證研究中發現，投資者獲利之後，學習能力和反饋效果會強得多。投資者在賺錢之後，就會馬上加倉，而且會大量加倉。相反地，投資者在虧損之後，降低自己倉位的調整，要比賺錢之後的調

整慢很多。即使是虧損後，投資者也只會小規模地降低自己的倉位。這裡面有一個強烈的不對稱性。很多投資者雖然虧了錢，但是沒有認識到自己沒有投資能力，而是把自己的投資失利更多地歸咎於外部環境，這也是為什麼投資者不願在虧損後顯著調整自己行為的原因。

其三，我們必須看到隨著整個人口結構的變化，隨著社會財富越來越多，每年進入股市的人群規模，要大過退出股市的人群規模。新近創造出的財富進入股市的規模，要比成熟投資者和有經驗的投資者從股市中抽走的財富多。

從這個角度來講，股市在中國和其他一些亞太地區的經濟市場裡，一直是道旋轉門。任何一個時點，都會有新的投資者進入市場；任何一個時點，也都會有一些比較有經驗的投資者，認識到自己的投資經驗或投資能力不足而退出市場。不過，由於亞洲人口結構相對年輕，財富積累和國際化的進程加速，我們看到總體的趨勢是：有越來越多的投資者進入市場。也就是說，有越來越多沒有經驗的投資者進入市場，把市場的流動性和市場的規模逐漸提升。而如此快速變化的市場，也讓投資者更難以準確評估自身的投資能力。

從上述幾方面來看，我們也就理解了為什麼有那麼多的投資者，在經歷這麼複雜或這麼長時間的投資之後，還是不能夠很清晰地認識到自己的投資能力。正是因為證券投資過程中的學習如此之難，筆者才決定創作本書，幫助廣大的投資者、尤其是散戶，意識到**投資過**

投資者的朋友

程中最大的敵人就是我們自己。

投資學習的過程還有一項挑戰，就是人類自身的記憶。人類的記憶有很多非常驚人的特徵，很多人的記憶都是不對稱的。許多人都可以在很多年之後，清楚記得自己一次成功的足球射門、一次優異的小提琴表演、一次出色的公眾演說，但是對於在那些出色表演背後自己所投入的成百上千個小時的勤奮工作和多少次失敗的嘗試，幾乎沒有任何印象。

很多人都會對自己在大庭廣眾下的一次尷尬情況印象極深，久久不能忘記。比如，參加表演時忘記台詞，在上台或下台途中不慎跌倒，或是在足球比賽中搞烏龍，把球踢進自家球門。但是，如果我們對當時在場的觀眾進行問卷調查，就會發現觀眾在短短幾個星期後，已經把當時「轟動一時」的重大新聞忘得一乾二淨了。

在很多靠裁判主觀評分的體育運動中（例如：體操、跳水、彈翻床等），運動員往往希望自己靠後出場。如果不能靠後出場，最好靠前出場。反正，很多運動員都覺得排在中間非常不利。這裡面既有評判參照系的建立（先出場的選手為後面的選手設定了一個評分標準），也有記憶的原因。根據心理學研究，在一系列數據或者事物中，最先出場的和最後出場的，最有可能被人記住。

在法律科學領域，也曾經有很多研究表明，目擊證人對即使是發生不久的案件的犯罪現場，也很難做出一個準確的重構。目擊證人總是能夠記住一些特別反常的

現象，但是往往會忽視一些非常重要、卻又非常平常的現象。目擊證人往往先在心中有一個是非對錯的主觀判斷，給出的證詞也會反映出他們主觀判斷的偏見。目擊證人對本族裔的犯罪嫌疑人的特徵和容貌描述往往比較準確，而對於其他族裔的犯罪嫌疑人的特徵和容貌描述則非常不具體、不準確，不一而足，以至於有經驗的法官和律師，都知道怎麼對不同證人進行詢問和質疑。

大腦的這種不準確或不公平的記憶，恰恰解釋了研究者在實驗室和實地試驗中都反覆發現的一種趨勢，那就是絕大多數的實驗參與者，在即使是做相對簡單的決策過程中，也缺乏最起碼的科學態度，難以考慮像概率論或統計學中的大數定理這樣相對簡單的科學原理。

由於受到記憶的局限，生理學家發現，人類對於歷史的尊重也值得懷疑。很多實驗的參與者，對一年以前發生的事情，記憶已經相當模糊，更不用說三、五年前，甚至二十世紀的事了。換言之，歷史上曾經反覆出現的教訓，對廣大投資者來說發揮不了太多教育作用。動物精神裡的貪婪和恐懼，一次又一次地把資本市場和置身其中的投資者推上了一個個波峰，又讓其跌入了一個個谷底。

遠的不說，資本市場經歷的一次又一次的泡沫和危機，就印證了這一點。在過去短短數十年裡，全球資本市場經歷了一次又一次的大幅波動：從1950年代初的美國電子技術革命，到1970－1990年日本經濟的黃金二十年；從1987年的全球股災，到1990－2010年日本經濟

「失落的二十年」；從1990年代初的美國儲貸危機，到1997－1998年俄羅斯、東南亞和拉丁美洲的金融危機；從1997－2000年的網際網路泡沫，到2003年因為SARS引發的全球經濟衰退；從2007－2008年由發達國家房地產危機引發的全球金融危機，到後來的歐洲主權債務危機，雖然每一次泡沫的細節不同、方式各異，但危機的本質卻是一次又一次地上演。**每一次的泡沫和危機，都必定伴隨著一個嶄新的概念、極度寬鬆的貨幣政策、短期的誘人收益，和難以得到基本面支撐的投資機會，幾乎無一例外。**然而，令人搞不明白的是，為什麼全球那麼多從事金融產業的聰明人士，會眼睜睜讓全球市場一次次地陷入明顯的陷阱。投資者學習之難，也就顯而易見了。

打破散戶的盲點

最後，筆者要講的是，散戶想參與股市不是不可以，但請意識到，單獨進行選股和擇時，往往是在摧毀你的財富，而不是在創造你的財富。為什麼很多投資者意識不到這一點？這正是筆者想強調的。很多聽眾在聽完筆者有關行為金融的演講之後，都覺得很有道理，但是回去之後，還是繼續積極地炒股。為什麼？

因為投資是一個非常複雜的過程，我們說預測是很難的一件事情，如果你的預測不能夠得到準確的反饋，這個預測就會變得更難。有人曾在美國比較氣象分析師對於天氣預測和醫生對於病人病情預測的準確程度，結

果發現了什麼？氣象分析師的學習能力非常強。一開始時，這位分析師的預測能力很差，但是過了三、五個月，就變成一位非常準確的預測師。而醫生呢，往往是開始看病看不準，過了三、五年之後還是不準。很大一個原因就在於，氣象預測第二天就可以看到結果，可以馬上反思什麼地方預測得對、什麼地方不對，馬上學習並改善自己的做法。而對醫生來說，每個病人來了之後都有新的情況，很難說是因為哪個情況導致最後死亡。同時，由於不是每個病人都會到同一家醫院找同一個醫生複診，醫生往往很難瞭解自己之前的預測究竟是不是準確。隨著市場和投資表現不停變化，很多投資者的投資，其實也像醫生診斷一樣，是一個複雜、緩慢和模糊的反饋過程。

大家想想，我們在投資的時候，要分析全球的宏觀經濟、產業政策、各行業或地區的刺激政策或補貼、各企業是不是具有競爭力、公司治理怎樣、公司高管是不是有一天變成了人大代表或者突然被中紀委調查⋯⋯。有很多你根本不能控制的信息，所以這會帶來一個緩慢的、雜訊很多的反饋。你今天買一家公司的股票，每股10元，第二天漲到每股12元，你非常高興，於是期望它會一直漲到每股50元。事實上，你買的時候覺得它是一支好股票，但是你不知道這支好股票能夠持續多久。

對於很多散戶來說，無論賺了錢、還是虧了錢，都很難找到其中的真正原因。**很多成功的投資者，都強調流程化和制度化管理，這在投資管理領域是非常重要**

的。只有透過流程化和制度化，才有可能規避投資者主觀判斷的失誤，才有可能重複投資者過去的成功。 如果你連自己為什麼成功或失敗都不知道，又如何能夠把投資決策過程流程化和制度化，如何能夠確保今後投資的成功呢？因此，近年流行的量化投資策略，其優勢只不過是可以規避主觀判斷時可能會犯的錯誤。

結 語

給散戶的重點提醒

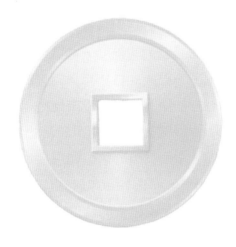

投資很可能是一場修行，是對經濟、市場、自己、人生的重新審視
和學習。其作用不僅僅在於可以創造財富，而且可以幫助投資者意
識到自身的缺陷和偏誤。其迷人之處就是，投資者在瞭解自身的
缺陷和偏誤後，不斷地學習和實踐，逐漸克服和解決這些問題，
成為更好的投資者，進入終身修行和提升的過程。

認清投資的首要問題

「誰是我們的敵人，誰是我們的朋友？這個問題是革命的首要問題。」對歷史感興趣的朋友，很可能知道這句話的出處，以及它對於中國歷史發展的重要意義。與此類似，認清誰是投資者的敵人，誰是投資者的朋友，可能也是投資的首要問題。

投資者為什麼會蒙受損失？歸根結底是因為市場的波動。但正如凱因斯（John Maynard Keynes）所說，關於股票市場，我們唯一有絕對把握的，就是它會波動。股市不僅波動，而且波動的幅度，遠遠大於基本面的波動所能解釋的幅度。根據2013年諾貝爾經濟學獎得主、耶魯大學席勒教授的研究，美國股市價格相對於基本面而言，波動率巨大。在1970年美國經濟出現滯脹、股市大幅下跌之前，整個股市的估值和它基本面的估值相比，幾乎高出100％。而在1929年股市崩盤和1930年代美國大蕭條的時候，美國股市的估值比基本面的估值要低30％左右。資產價格的大幅度波動，本身就在一定程度上，解釋了為什麼美國股市在1970年會出現大熊市，也解釋了為什麼在2009年9～10月的短短兩個月裡下跌了50％。

但是，再看看我們的日常生活，大家都覺得整個社會還是吃這麼多食物、住這麼多房子、買這麼多汽車，所以很難理解為什麼股市會出現這麼大的波動。究其原因，很大程度上這跟全球經濟的泡沫擴張和經濟危機有

緊密關係。經濟泡沫或者資本市場泡沫，是自資本市場出現之後一個與生俱來、普遍存在的現象。那麼，經濟泡沫為什麼會形成？經濟學家到現在也沒有一個完全準確的解釋。正是因為經濟學家對於經濟的週期和泡沫沒有完全準確的解釋，才導致經濟泡沫和危機的頻率，在過去二、三十年裡不是越來越低，而是越來越高。從1980年代開始，1987年出現了全球範圍內的股災，1990年出現了美國儲貸協會危機，也就是小型的房地產危機，1997－1998年出現了拉美和亞洲金融危機，之後出現了1998－2000年的網際網路泡沫危機，然後是2008年的美國房地產引發的全球經濟危機，以及2009年開始的歐洲主權債務危機。全球經濟現在是每過四、五年就有一次危機。為什麼我們會有這麼多泡沫？恰恰是因為投資者的貪婪和恐懼；換句話說，投資者的動物精神，製造了一個又一個泡沫。

行為經濟和行為金融的另一項重要貢獻，是在微觀層面對於經濟活動中的個人和資本市場中的投資者的真實決策過程與決策行為，進行了比較完整且科學的分析。同樣是面對經濟的波動和市場的風險，為什麼散戶的投資績效特別讓人憂心？為什麼市場出現泡沫和崩盤的時候，散戶往往是最大的輸家？為什麼雖然花了大量的時間和精力，很多散戶的投資表現，往往還是不如市場大盤的平均表現？

這些是本書集中討論和希望回答的問題，這都源於散戶投資的局限性。我們首先需要幫助散戶瞭解自己、

瞭解自己的投資績效，以及自己在投資過程中面臨的不同風險和挑戰。我也希望利用這些行為金融學研究取得一些成果，並把這些成果和中國的實踐相結合，幫助投資者認清自己的投資理念，讓他們更佳調整自己的投資策略，獲得更好的投資收益。

投資者教育和投資者成長

本書寫到這裡，基本上已經接近尾聲，幫助大家總結一下本書的內容，總結一下散戶如何提升自己的投資素養，改善自己的投資績效。

首先，我希望和大家分享的是：**散戶的績效明顯跑不贏大盤，而且是明顯跑輸大盤。散戶無論是在股票市場投資，還是透過基金間接投資，表現都是弱於整個大盤的表現的。**

散戶之所以會有這樣的表現，很大一方面是因為他們的行為偏誤，特別是過度自信。投資者對於自己的投資能力和對市場趨勢的把握，都有一種過度自信的趨勢，也就是說雖然他們沒有足夠的投資能力，但是他們認為自己有這樣的能力去投資，導致整個散戶群體的市場表現弱於整個大盤的表現。散戶在進行換倉的時候，新買進的股票比過去買入的股票，在今後一段時間的表現更差。同時，散戶在進行交易的時候，所發生的高昂的交易成本，有時會完全侵蝕散戶在投資中所獲得的收益。

其次，散戶在進行投資的時候，往往會採取一種趨勢，即簡單地用歷史來預測未來（代表性偏誤／選擇性

偏誤）。這導致散戶在進行市場擇時的時候，會表現出一種不大準確的擇時能力。根據過往，散戶往往會在市場達到頂端的時候湧入市場；或者在市場見底、凸顯投資價值的時候，又大舉撤出市場。散戶的這種錯誤的擇時能力，也在一定程度上損害了他們的投資收益，部分解釋了散戶不盡如人意的投資績效。

除了過度自信和代表性偏誤之外，散戶不盡如人意的投資績效，在很大程度上還是因為散戶對於金融、風險和投資觀念不是很瞭解。從這個角度來講，散戶往往沒能意識到，風險和波動率對於長期投資而言是有害的。由於缺乏對於長期投資的信心和對於複利增長的巨大價值的理解，散戶往往會低估投資中的風險，尤其是下行風險。因此，散戶一定要注意投資過程中的風險，尤其要規避股市下跌，或者自己投資組合下跌的風險，進行有效的停損。唯有很好地控制自己的風險，才能保證資本能夠在長期增長，從而帶來更高的收益。

不淡定擇時，不從容選股

上述各種錯誤，往往會導致散戶做出錯誤的擇時和選股決定。散戶往往用最近市場的走勢，來預測今後市場的走勢，因此往往會在市場見頂的時候，不加思考地集中殺入股市，而等到市場見底的時候，便偃旗息鼓，退出股市。在個股層面，散戶有明顯的追漲殺跌的傾向，往往喜歡追買前期漲幅已經較大的股票，卻不幸在高點成為「接盤俠」。

這種追漲殺跌的選股思路，一方面反映了散戶簡單線性外推的思維方式，一方面也反映了散戶在時間和關注度有限的情況下，喜歡買入那些吸引他們或他們自認為熟悉、信息明確的股票。然而，全球的大數據研究表明，這種所謂的「熟悉」非但不能夠幫助散戶跑贏大盤，反而會導致散戶更加不願意多元化配置自己的投資，進一步增大了散戶在投資時面臨的風險。

多元化投資

散戶之所以覺得投資非常困難、壓力非常大，是因為很多散戶對每一次投資都準備「滿倉殺入」，也對每一次投資都抱有強烈的希望和幻想。正如本書指出的，散戶在現實中正確擇時和選股，比事先想像的困難許多。其實，因為經濟上下波動，市場瞬息萬變，正確的投資選擇即使對專業投資者而言，也是極具挑戰性的任務。散戶之所以覺得壓力特別大，在很大程度上是因為他們沒有一個多元化的投資組合，來分散和對沖自己每一次決策中的風險和波動。

緩解散戶每一次投資的焦慮和解決投資者過分激進的投資行為問題的答案，很可能是多元化投資。散戶應該在任何一個時點，都持有一個在股票、債券、房地產、大宗商品等不同資產類別的多元化配置，在不同的國際股票市場、不同幣種、不同板塊資產之間多元化配置，在不同風險、不同存續期間、不同現金流的債券中多元化配置。隨著中國經濟融入全球經濟的程度進一步

深入和中國資本市場的進一步開放，中國投資者投資海外資本市場的機會越來越多。隨著越來越多的基金商品、理財商品、信託計劃的推出，市場上也有了越來越適應不同投資者風險偏好的多元化選擇。隨著越來越多的指數型基金和ETF的推出，方便、廉價的被動多元化投資，也變得離投資者越來越近。

最後，多元化並不只是在不同的板塊、不同的股票間的多元化，也包括在投資時機上的多元化。對於沒有水晶球的投資者來說，在經濟週期的頂端和底端，都應該注重資產配置。就像投資者有時不能區分好股票和壞股票一樣，投資者也很難挑選最佳時機進行投資。所以，**投資者一定要有紀律，在投資時機上也要進行多元化。基金定投，每個月拿出固定金額在不同時點投資，就是一種投資時間多元化的有效方法。**

交易成本和投資淨收益

還有一個影響投資者長期收益的因素，就是投資過程中所產生的交易成本。投資者在關注自己的投資收益時，要特別關注自己所獲得的投資淨收益，也就是扣除了交易成本和各種中間費用之後的收益，因為這是投資者最後拿到的收益。投資者不論是交易股票、期貨、權證，還是基金，在考慮收益的同時，還要考慮自己在投資的過程中，分別發生了多少交易費用和交易成本。在扣除了交易費用和交易成本之後，自己還能獲得多少投資收益。

在預期收益給定的前提下，面對交易成本越高的投資機會，投資者越要慎重，因為即使你真的可以透過這種投資方式獲得比較好的收益，收益中的很大一部分有可能被投資管理者以費用和績效提升的方式拿走，真正留給投資者的淨收益可能並不是非常高。考慮交易成本，對於幫助投資者考慮不同的長期投資選擇，尤其可以發揮重大作用。*因此，**投資者在進行投資決策的時候，一定要充分考慮交易成本對於自己投資淨收益的影響，把投資淨收益、而非總收益，作為選擇投資標的的主要標準。**

基金投資

公募基金投資，對於絕大多數的散戶而言，是不錯的委託專業人士幫助自己理財的一個有效方式。令人吃驚的是，很多投資基金的散戶，基金投資的收益率，居然也趕不上市場平均收益水平。這主要有兩個原因。第一，很多散戶把基金當作股票來炒作，而在選擇基金時，又犯了在股市投資裡常犯的過度自信和追漲殺跌的錯誤，在錯誤的時間選擇了錯誤的基金。第二，投資基金的交易成本，包括管理費用和申購、贖回費用等，其實遠遠高於股票投資。因此，散戶在扣除交易成本之後的淨收益，明顯低於基金本身產生的總收益。

---

* Barber B. M., Odean T., "Trading Is Hazardous to Your Wealth: The Common Stock Investment Performance of Individual Investors." *The Journal of Finance*, 2000, 55(2): 773-806.

為了避免這些常見的散戶投資基金的錯誤，**散戶應該選擇管理費用相對低廉的指數型基金和ETF等被動型基金，以提升自己的基金投資淨收益**。研究同時表明，在固定時點將固定金額進行長期、持續的基金投資（基金定投），是可以給散戶帶來相對優異績效、較好的基金投資策略。

止損，止損，止損

　　散戶和機構投資者一個很大的區別在於，前者不需要面對很多機構投資者對於投資組合集中程度和投資浮虧幅度的硬性限制。這個區別導致了散戶的處置效應，也就是不願賣出有浮虧的股票投資的傾向特別強烈。這種錯誤不但導致很多散戶在個股上蒙受了超過50％、甚至更多的損失，而且占用投資者大量的資金，影響投資者進一步投資獲利的可能。

　　雖然規避損失是在所有投資者身上都普遍存在的行為偏誤，但**散戶可以透過相互提醒、設定交易限制，以及慢一點執行自身決定的方式，達到幫助自己正確、及時地面對自己之前做出的判斷和糾正自己錯誤的目標**。

長期投資：複利的價值，時間的朋友

　　我們在投資中考慮得非常多的是：每年怎麼獲得10％、15％、20％、30％的收益率，**大家都在找收益率非常高的商品，卻都忘了最有利的投資武器和工具——複利投資**。8％看起來雖然是不怎麼吸引人的收益率，如

果連續進行複利滾動，今年的100元本金，明年變成108元，8%的收益率連續投資30年，100元的本金可以變成1,006元。如果以6%的收益率，連續投資30年，100元的本金只能變成574元，幾乎只有前者的一半。不過，**對於投資來講，收益率固然重要，時間和堅持同樣重要。**[*]

如果採取複利投資，並且可以獲得10%左右的年投資收益，那麼只需要7年，本金就可以翻倍；如果可以獲得12%左右的年投資收益，那麼只需要6年，本金就可以翻倍；如果可以獲得15%左右的年投資收益，那麼只需要5年，本金就可以翻倍。因此，從長期投資的角度來講，我們需要的並不是非常高的一次性收益，更需要的是一種可持續、長期、穩定的收益。投資者在這種大環境下，**如果能夠更好地多元化投資，就能夠享受長期增長的複利的好處，這也意味著長期投資的成功。**

但是，複利公式有一個非常重要的假設：如果你的預期年收益率為8%，每年的實際收益率越接近於8%，你取得翻倍回報的時間就會越短。比如，雖然平均每年是8%的收益率，但是下列兩種情況的長期收益會非常不同：其一，每年的收益率都是8%；其二，第一年的收益率是10%，第二年是6%，第三年是2%，第四年是14%。一種是比較平穩的增長，另一種是波動比較大的增長，哪一種可以讓你在更短的時間裡資產翻倍？我們發現，**收益的波動率越大，本金翻倍所需要的時間就會**

投資者的朋友

---

[*] http://en.wikipedia.org/wiki/Rule_of_72.

越長，也就是複利增值的速度就會相對更慢 —— 這恰恰是很多投資者都沒有注意到的信息。投資者即使不能大幅度地提升自己的收益率，也能夠透過降低投資風險的方式，來提高自己的投資報酬。

尾聲

2013 年諾貝爾經濟學獎得主席勒教授在本書的推薦序中說，投資是一項沒有指南的競賽。從這個意義上來講，正如有些人說的那樣，投資很可能是一場修行，很可能是一次對經濟、市場、自己、人生的重新審視和學習。投資的作用可能不僅僅在於可以創造財富，而且可以幫助大家意識到自己作為個人、作為投資者的缺陷和偏誤。而投資的迷人之處，可能恰恰在於瞭解自身的缺陷和偏誤後，透過不斷地學習和實踐，逐漸克服和解決這些問題，成為更好的投資者，進入終身修行和提升的過程。本書希望透過總結行為金融學在過去數十年的研究成果，在幫助各地散戶成熟和成長的過程中，貢獻自己的綿薄之力，也希望借此成為億萬散戶的朋友

Star 星出版 財經商管 Biz 026

投資者的朋友

作者 —— 朱寧

總編輯 —— 邱慧菁
特約編輯 —— 吳依亭
校對 —— 李蓓蓓
封面完稿 —— 李岱玲
內頁排版 —— 立全電腦印前排版有限公司

出版 —— 星出版／遠足文化事業股份有限公司
發行 —— 遠足文化事業股份有限公司（讀書共和國出版集團）
　　　　231 新北市新店區民權路 108 之 4 號 8 樓
　　　　電話：886-2-2218-1417
　　　　傳真：886-2-8667-1065
　　　　email: service@bookrep.com.tw
　　　　郵撥帳號：19504465 遠足文化事業股份有限公司
　　　　客服專線 0800221029

法律顧問 —— 華洋法律事務所 蘇文生律師
製版廠 —— 中原造像股份有限公司
印刷廠 —— 中原造像股份有限公司
裝訂廠 —— 中原造像股份有限公司
登記證 —— 局版台業字第 2517 號

出版日期 —— 2024 年 07 月 24 日第一版第一次印行
定價 —— 新台幣 420 元
書號 —— 2BBZ0026
ISBN —— 978-626-98713-0-8

國家圖書館出版品預行編目（CIP）資料

投資者的朋友／朱寧 著 – 第一版 .– 新北市：星出版，遠足文化事業
股份有限公司, 2024.07
288 面；15x21 公分 .– （財經商管；Biz 026）.

ISBN 978-626-98713-0-8（平裝）

1. CST：股票投資 2. CST：投資技術 3. CST：投資分析

563.53　　　　　　　　　　　　　　　　113008814

投資者的朋友／朱寧 著
Copyright © 朱寧 2020
本書繁體中文版由中信出版集團股份有限公司透過
四川文智立心傳媒有限公司授權
星出版／遠足文化事業股份有限公司全球獨家出版發行。
All Rights Reserved.

星出版讀者服務信箱 —— starpublishing@bookrep.com.tw
讀書共和國網路書店 —— www.bookrep.com.tw
讀書共和國客服信箱 —— service@bookrep.com.tw
歡迎團體訂購，另有優惠，請洽業務部：886-2-22181417 ext. 1132 或 1520

新觀點
新思維
新眼界